Systemische Beratung und Interkulturelle Kompetenz

Beratung und Therapie im Kontext von Migrantenfamilien

Dr. Cemil Şahinöz

Nachdruck oder Vervielfältigungen, auch auszugsweise, bedürfen der schriftlichen Zustimmung des Autors.

© 2025 Cemil Şahinöz
Verlag:
BoD · Books on Demand GmbH,
Überseering 33, 22297 Hamburg,
bod@bod.de
Druck:
Libri Plureos GmbH,
Friedensallee 273, 22763 Hamburg
ISBN 978-3-8192-2822-3

©www.misawa.de
1. Auflage 2025

Cover: Erman Doğan (info@grafist.de)

Inhalt

3

Einführung

Zu Beginn des 20. Jahrhunderts lag der Schwerpunkt der Psychotherapie auf dem Individuum selbst und seinen Symptomen. Henry B. Richardsons "Patients have Families" (1945) markierte jedoch einen Wendepunkt, an dem das gesamte System in den Mittelpunkt gestellt wurde. Mit dieser Idee verlagerte sich der Schwerpunkt der Therapie vom Individuum auf sein Bezugssystem, allen voran die Familie. Dieser Ansatz legt nahe, jede Situation in ihrem eigenen Kontext zu bewerten und die Familie als System zu sehen.

So hat sich die systemische Beratung in den letzten Jahren als eine der wirkungsvollsten Methoden etabliert, um menschliches Verhalten und soziale Dynamiken ganzheitlich zu verstehen. Sie betrachtet Individuen nicht isoliert, sondern als Teil eines komplexen Systems, das aus sozialen, kulturellen und interpersonellen Wechselwirkungen besteht. Besonders im interkulturellen Kontext eröffnet dieser Ansatz tiefgehende Einsichten, da er sich mit den vielfältigen Prägungen auseinandersetzt, die Menschen durch ihre kulturelle Herkunft erfahren.

Kulturelle Sensibilität spielt dabei eine zentrale Rolle. In einer globalisierten Welt, in der Migration, kulturelle Hybridität und transnationale Identitäten immer häufiger werden, ist es essenziell, Beratungsmethoden zu entwickeln, die diesen Realitäten gerecht werden. Systemische Beratung in interkulturellen Kontexten erfordert daher eine doppelte Perspektive: Zum einen geht es darum, die inneren Strukturen und Funktionsweisen einer bestimmten Kultur zu verstehen, zum anderen müssen systemische Berater die Fähigkeit entwickeln, Kultur als dynamischen Prozess zu begreifen, der sich stetig verändert und von individuellen Erfahrungen geprägt wird.

Die Theorie der systemischen Beratung stützt sich auf zentrale Konzepte der Systemtheorie, insbesondere auf die Arbeiten von Niklas Luhmann (1987, 2004), Gregory Bateson (1995 mit Ruesch) und anderen Wissenschaftlern, die soziale Systeme als autopoietische, sich selbst organisierende Einheiten beschreiben. In diesem Sinne ist jede Familie, jede Organisation und jede Gemeinschaft ein eigenständiges System mit spezifischen Kommunikationsstrukturen, Mustern der Konfliktlösung und internen Regeln. Diese Systeme sind nicht statisch, sondern unterliegen ständigen Veränderungen, die durch externe Einflüsse, wie Migration, wirtschaftliche Umbrüche oder gesellschaftliche Wertewandel, hervorgerufen werden können.

Ein interkultureller Beratungsansatz muss sich daher nicht nur mit den individuellen Biografien der Ratsuchenden befassen, sondern auch mit den größeren gesellschaftlichen Strukturen, die deren Leben prägen. Ein Beispiel hierfür ist die transgenerationale Weitergabe von kulturellen Werten, Normen und Traumata, die sich in interkulturellen Familien oft besonders deutlich zeigt. Hier können sich generationsübergreifende Spannungen ergeben, wenn etwa junge Menschen in einer anderen Gesellschaft sozialisiert werden, während ihre Eltern stark an traditionellen Werten festhalten. Systemische Beratung bietet die Möglichkeit, solche Dynamiken zu analysieren und durch gezielte Interventionen Brücken zwischen den unterschiedlichen Perspektiven zu bauen.

Praktisch bedeutet dies, dass Beratungsgespräche nicht nur auf individuelle Probleme fokussiert sein dürfen, sondern immer auch das größere Beziehungsgefüge berücksichtigen müssen. In einem interkulturellen Kontext erfordert dies eine besondere Reflexion der eigenen kulturellen Prägung seitens der Berater. Sie müssen sich der Tatsache bewusst sein, dass sie selbst Teil eines kulturellen Systems sind, das ihre Wahrnehmung und Interpretation von Problemen beeinflusst. Eine kritische Selbstreflexion ist daher unerlässlich, um kulturelle Voreingenommenheiten zu erkennen und eine tatsächlich neutrale und offene Haltung einzunehmen.

Dieser Leitfaden widmet sich daher der systematischen Analyse dieser Prozesse und verbindet theoretische Grundlagen mit praxisnahen Beispielen. Ziel ist es, ein tiefgehendes Verständnis für die Funktionsweise systemischer Beratung im interkulturellen Kontext zu vermitteln und zugleich praxisorientierte Werkzeuge bereitzustellen, die Berater in ihrer täglichen Arbeit unterstützen. Dabei wird ein besonderer Fokus auf die Frage gelegt, wie kulturelle Unterschiede als Ressource genutzt werden können, anstatt sie als Quelle von Missverständnissen oder Konflikten zu betrachten.

Im weiteren Verlauf dieser Abhandlung werden zentrale systemtheoretische Konzepte detailliert erläutert, Fallbeispiele aus der interkulturellen Beratungspraxis vorgestellt und methodische Ansätze diskutiert, die sich als besonders effektiv erwiesen haben. Ziel ist es, eine wissenschaftlich fundierte, praxisnahe und zugleich reflektierte Auseinandersetzung mit diesem hochrelevanten Thema zu ermöglichen.

Um den Lesefluss zu erleichtern, habe ich auf eine geschlechterdifferenzierte Schreibweise verzichtet. Gemeint sind selbstverständlich alle Menschen, unabhängig vom Geschlecht. Ich bitte alle Leserinnen und Leser um Verständnis und Nachsicht.

1. Grundlagen der Systemischen Beratung

1.1 Der Systemische Ansatz

Die systemische Beratung stellt eine fundamentale Abkehr von individualistischen Erklärungsansätzen dar und basiert auf der Erkenntnis, dass menschliches Verhalten nicht isoliert betrachtet werden kann, sondern stets im Kontext sozialer, kultureller und kommunikativer Systeme analysiert werden muss. Anstatt sich ausschließlich auf die innere Psyche oder persönliche Defizite eines Individuums zu konzentrieren, lenkt der systemische Ansatz den Fokus auf die Beziehungen, Interaktionen und Muster, die innerhalb eines sozialen Systems bestehen.

Ein zentrales Prinzip der systemischen Theorie ist die Annahme, dass ein System mehr ist als die bloße Summe seiner Teile. Dies bedeutet, dass sich ein System nicht allein durch die individuellen Eigenschaften seiner Mitglieder erklären lässt, sondern dass das Zusammenspiel dieser Elemente eine neue Qualität hervorbringt. Dieses emergente Verhalten macht Systeme hochdynamisch und oft unvorhersehbar. So kann beispielsweise ein familiäres System völlig anders funktionieren als die Summe der individuellen Charakterzüge seiner Mitglieder vermuten lässt. Die Wechselwirkungen zwischen Eltern und Kindern, Geschwistern oder anderen Bezugspersonen formen ein Gefüge aus Mustern, Erwartungen und Regeln, die das Handeln der einzelnen Mitglieder prägen.

Die systemische Sichtweise basiert auf der Kybernetik zweiter Ordnung, die insbesondere durch die Arbeiten von Heinz von Foerster (2008) und Humberto Maturana (1970) geprägt wurde. Während klassische kybernetische Modelle Systeme als objektiv analysierbar betrachteten, betont die Kybernetik zweiter Ordnung die Rolle des Beobachters (Neuberger, Lenz, Seidler, 2002, S. 24ff). Jede Wahrnehmung und Deutung eines Systems ist demnach von der Perspektive des Betrachters abhängig. Dies hat tiefgreifende Implikationen für die systemische Beratung, da sie nicht mit absoluten Wahrheiten arbeitet, sondern die subjektiven Realitäten aller Beteiligten berücksichtigt.

Ein weiteres zentrales Konzept ist die Selbstorganisation von Systemen (Neuberger, Lenz, Seidler, 2002, S. 19ff). Soziale Systeme regulieren sich nicht durch externe Steuerung, sondern entwickeln aus sich heraus Mechanismen der Stabilisierung und Veränderung. Diese Autopoiesis, ein Begriff aus der Biologie von Maturana und Francisco Varela (Maturana, Varela, 1987), beschreibt, wie lebendige Systeme sich selbst erhalten, anpassen und weiterentwickeln. Übertragen auf die systemische Beratung bedeutet dies, dass Veränderungsprozesse nicht einfach von außen verordnet werden können, sondern aus dem System selbst entstehen müssen. Ein Berater kann keine Lösungen vorgeben, sondern nur Impulse setzen, die das System dazu anregen, neue Handlungs- und Kommunikationsmuster zu entwickeln.

Die Wechselwirkungen innerhalb eines Systems folgen dabei bestimmten Kommunikations- und

12

Interaktionsregeln. Paul Watzlawicks Axiom „Man kann nicht nicht kommunizieren" (1969, S. 58ff) verdeutlicht, dass jede Handlung, selbst Schweigen oder Rückzug, eine kommunikative Botschaft enthält, die wiederum Reaktionen im System auslöst. In einer Familie beispielsweise kann das Verhalten eines Kindes nicht isoliert betrachtet werden, sondern muss im Kontext der Reaktionen der Eltern, Geschwister und des weiteren sozialen Umfelds gesehen werden. Ein häufig beobachtetes Muster ist das sogenannte symptomtragende Mitglied, bei dem eine Person innerhalb eines Systems auffälliges Verhalten zeigt, das jedoch Ausdruck tiefer liegender systemischer Spannungen ist. In der Beratung geht es dann nicht darum, dieses Symptom isoliert zu behandeln, sondern die zugrunde liegenden systemischen Muster zu identifizieren und zu verändern.

Diese systemische Perspektive eröffnet eine völlig neue Herangehensweise an Probleme und Herausforderungen. Anstatt nach individuellen Defiziten oder pathologischen Ursachen zu suchen, konzentriert sich die Beratung darauf, wie ein System sich selbst stabilisiert und welche neuen Kommunikations- und Handlungsmöglichkeiten entwickelt werden können. Der Fokus liegt auf Ressourcen, Stärken und den bestehenden Mustern, die, wenn sie bewusst gemacht und verändert werden, das gesamte System in eine neue, funktionalere Richtung lenken können.

Die Anwendung des systemischen Ansatzes ist nicht auf den familiären Bereich beschränkt. Auch Organisationen, Teams und gesellschaftliche Gruppen lassen sich als komplexe Systeme verstehen, in denen sich Interaktionen auf nicht-lineare Weise entfalten. Konflikte am Arbeitsplatz beispielsweise sind selten auf das Verhalten eines Einzelnen zurückzuführen, sondern entstehen aus den Interaktionsmustern innerhalb des Teams oder der Unternehmenskultur. Ebenso lassen sich gesellschaftliche Phänomene, von Migration bis hin zu sozialer Integration, aus einer systemischen Perspektive analysieren, indem Wechselwirkungen zwischen Individuen, Institutionen und gesellschaftlichen Rahmenbedingungen untersucht werden.

Damit stellt der systemische Ansatz eine radikale Neuorientierung in der Art und Weise dar, wie menschliches Verhalten verstanden und beeinflusst wird. Indem er den Blick auf Beziehungen, Wechselwirkungen und Muster lenkt, bietet er ein tiefgehendes, dynamisches Verständnis für Probleme und Lösungen. Er fordert dazu auf, über lineare Ursache-Wirkungs-Denkmuster hinauszugehen (Neuberger, Lenz, Seidler, 2002, S. 35) und stattdessen die Komplexität und Selbstorganisationsfähigkeit sozialer Systeme zu erkennen. Diese Sichtweise ermöglicht nachhaltige Veränderungen, die nicht auf Kontrolle und Intervention von außen beruhen, sondern aus der Eigenlogik des Systems selbst entstehen.

1.2 Zirkuläres Fragen: Der Schlüssel zur Perspektivenvielfalt

Das Konzept des zirkulären Fragens stellt eine der zentralen methodischen Techniken der systemischen Beratung dar (Neuberger, Lenz, Seidler, 2002, S. 67). Es geht über die herkömmliche, lineare Art des Fragens hinaus, bei der nach eindeutigen Ursachen und Wirkungen gesucht wird. Stattdessen eröffnet es eine Perspektive, in der Wechselwirkungen, Beziehungsmuster und subjektive Wahrnehmungen der Beteiligten in den Mittelpunkt rücken. Durch zirkuläre Fragen wird nicht nur Information gewonnen, sondern auch eine neue Form der Reflexion angeregt, die es den Beteiligten ermöglicht, ihre Situation aus einer anderen Perspektive zu betrachten.

Das Prinzip des zirkulären Fragens basiert auf der Annahme, dass jedes Mitglied eines sozialen Systems seine Umwelt auf eine bestimmte Weise wahrnimmt und entsprechend darauf reagiert. Diese Reaktionen beeinflussen wiederum das Verhalten anderer, wodurch sich ein dynamischer Kreislauf entwickelt. Anstatt also ein Problem als isoliertes Phänomen zu betrachten, das durch eine bestimmte Ursache hervorgerufen wurde, lenkt zirkuläres Fragen den Fokus auf die Interdependenzen innerhalb des Systems.

Ein klassisches Beispiel für eine zirkuläre Frage wäre: „Was glauben Sie, wie Ihre Tochter reagieren würde, wenn Ihr Mann in dieser Situation anders handeln würde?" Eine solche Frage zwingt die Befragten dazu, über das eigene Verhalten hinauszugehen und sich in die Perspektive anderer hineinzuversetzen. Dadurch wird sichtbar, dass

Handlungen nicht isoliert geschehen, sondern in einem komplexen Netzwerk von Erwartungen, Reaktionen und Interpretationen eingebettet sind.

Die theoretische Grundlage dieser Fragetechnik geht auf die kybernetischen Modelle der zweiten Ordnung zurück, die betonen, dass jedes Beobachten und Beschreiben von sozialen Prozessen selbst ein Teil des Systems ist, das es zu verstehen versucht. Die systemische Beratung bedient sich dieser Erkenntnis, um durch gezielte Fragen nicht nur Informationen zu erheben, sondern auch aktiv Veränderungen im System anzustoßen. Indem die Ratsuchenden neue Perspektiven einnehmen und über ihre eigenen Muster reflektieren, entsteht ein Prozess der Selbstbeobachtung, der neue Handlungsmöglichkeiten eröffnet.

Zirkuläres Fragen kann verschiedene Formen annehmen. Eine besonders wirksame Technik ist das sogenannte "hypothetische Fragen", bei denen Ratsuchende angeregt werden, sich alternative Zukunftsszenarien vorzustellen (vgl. Neuberger, Lenz, Seidler, 2002, S. 76). Fragen wie „Was wäre anders, wenn dieses Problem plötzlich verschwinden würde?" oder „Wie würde Ihr Partner reagieren, wenn Sie plötzlich nicht mehr auf diese Weise handeln würden?" können helfen, festgefahrene Denkmuster aufzubrechen und neue Lösungsansätze zu entwickeln.

Ein weiteres häufig genutztes Format ist das "Perspektivwechsel-Fragen", bei dem Ratsuchende gezielt aufgefordert werden, eine Situation aus der Sicht eines anderen Systemmitglieds zu betrachten. Dies kann besonders in konflikthaften Beziehungen hilfreich sein, da es Empathie fördert und ein tieferes Verständnis für die gegenseitigen Einflussmechanismen schafft.

In der Praxis der systemischen Beratung wird deutlich, dass durch zirkuläre Fragen häufig unerwartete Einsichten entstehen. Viele Menschen sind es gewohnt, ihre eigenen Erklärungsmodelle als objektive Realität zu betrachten. Durch den gezielten Wechsel der Perspektive werden jedoch alternative Sichtweisen sichtbar, die zuvor möglicherweise nicht in Betracht gezogen wurden. Dies kann zu einem entscheidenden Wendepunkt im Beratungsprozess werden, da es den Ratsuchenden ermöglicht, ihr eigenes Verhalten in einem größeren Zusammenhang zu sehen und neue Strategien zur Lösung von Problemen zu entwickeln.

Darüber hinaus erfüllt das zirkuläre Fragen eine zentrale Funktion in der Diagnose systemischer Muster. Indem Berater durch ihre Fragen Informationen über Interaktionen, Beziehungsdynamiken und emotionale Reaktionen innerhalb eines Systems sammeln, erhalten sie tiefere Einblicke in dessen Funktionsweise. Dies geschieht jedoch nicht in Form eines klassischen Diagnoseschemas, das auf Defiziten oder Pathologien basiert, sondern als explorativer Prozess, der darauf abzielt, Ressourcen und ungenutzte Potenziale sichtbar zu machen.

Zirkuläre Fragen sind somit sowohl ein Mittel zur Informationsgewinnung, als auch ein aktives Werkzeug zur Veränderung. Daher ist es eine grundlegende Haltung innerhalb der systemischen Beratung. Es verdeutlicht, dass soziale Realität nicht objektiv gegeben ist, sondern aus den wechselseitigen Wahrnehmungen, Interpretationen und Reaktionen der Beteiligten entsteht. Indem diese Wechselwirkungen durch gezielte Fragen bewusst gemacht werden, kann eine tiefere Reflexion angestoßen werden, die letztlich neue Möglichkeiten der Veränderung eröffnet.

1.3 Zentrale Fragetechniken: Ein Werkzeugkasten für den Berater

Die systemische Beratung nutzt eine Vielzahl gezielter Fragetechniken, die darauf abzielen, Interaktionsmuster sichtbar zu machen, Veränderungsprozesse anzustoßen und neue Handlungsmöglichkeiten zu eröffnen. Dabei steht nicht nur die Informationsgewinnung im Vordergrund, sondern auch die Aktivierung von Ressourcen, die Förderung von Reflexionsprozessen und die Eröffnung neuer Perspektiven.

Eine zentrale Rolle spielen Fragen, die das Gespräch strukturieren und den Beratungsprozess gezielt lenken. Informationsfragen dienen dazu, den Kontext des Anliegens zu erfassen und grundlegende Details zu klären. Sie ermöglichen es dem Berater, sich ein erstes Bild von der Situation zu machen und die Wahrnehmung des Klienten zu verstehen. Anders als in anderen Beratungsansätzen bleibt die systemische Perspektive jedoch nicht bei der Erhebung objektiver Fakten stehen, sondern interessiert sich besonders für die subjektiven Bedeutungen, die Ratsuchende ihrem Erleben zuschreiben.

Zielfragen lenken den Blick auf gewünschte Veränderungen und helfen, eine Richtung für den Beratungsprozess zu definieren. Oft sind Menschen in Problemsituationen so stark auf ihre Schwierigkeiten fixiert, dass sie ihre eigentlichen Ziele aus den Augen verlieren. Indem sie eingeladen werden, sich konkret vorzustellen, wie eine verbesserte Situation aussehen könnte, entsteht eine Orientierung, die als Ausgangspunkt für weitere Schritte dient. Diese Art der Fragestellung unterscheidet sich von traditionellen problemfokussierten Ansätzen, da sie nicht in erster Linie analysiert, warum ein Problem besteht, sondern darauf abzielt, Wege aus der Problematik aufzuzeigen.

Problemfragen hingegen dienen dazu, zu erkunden, welche Mechanismen zur Aufrechterhaltung eines Problems beitragen. Häufig bestehen dysfunktionale Muster innerhalb eines Systems fort, weil bestimmte Verhaltensweisen unbewusst stabilisiert werden. Indem Ratsuchende sich etwa vorstellen, was geschehen müsste, um ihr Problem zu verschärfen, wird sichtbar, welche Faktoren eine zentrale Rolle in der Problemdynamik spielen. Diese Herangehensweise kann paradoxe Effekte haben, da sie bestehende Annahmen hinterfragt und auf spielerische Weise zu neuen Erkenntnissen führt.

Ein wichtiger Bestandteil der systemischen Beratung ist die Arbeit mit Ausnahmefragen (Neuberger, Lenz, Seidler, 2002, S. 76). Diese richten den Blick auf Momente, in denen das Problem nicht oder in abgeschwächter Form auftritt. Dahinter steht die Annahme, dass in jedem Problemkontext bereits Ressourcen und Lösungsansätze vorhanden sind, die bewusst gemacht und gestärkt werden können. Wenn beispielsweise eine Familie angibt, dass es in bestimmten Situationen weniger Konflikte gibt, kann dies Hinweise darauf liefern, welche Bedingungen förderlich für eine Verbesserung der Gesamtsituation sind.

Besonders kreativ ist die Technik der Wunderfrage (Neuberger, Lenz, Seidler, 2002, S. 77). Sie lädt Ratsuchende dazu ein, sich vorzustellen, dass ihr Problem über Nacht auf wundersame Weise verschwunden ist, und zu beschreiben, woran sie dies bemerken würden. Diese Frage hat eine starke aktivierende Wirkung, da sie den gedanklichen Rahmen erweitert und Menschen hilft, über ihre gewohnten Muster hinauszudenken. Sie schafft eine emotionale Distanz zur Problematik und erleichtert es, konkrete Ziele und nächste Schritte zu formulieren.

Ressourcenfragen stellen einen weiteren zentralen Baustein dar (Neuberger, Lenz, Seidler, 2002, S. 76). Sie zielen darauf ab, Stärken und bereits vorhandene Kompetenzen der Ratsuchenden sichtbar zu machen. Menschen in schwierigen Situationen neigen oft dazu, sich auf ihre Defizite zu konzentrieren und übersehen dabei ihre eigenen Fähigkeiten. Indem sie gezielt nach positiven Eigenschaften oder erfolgreich bewältigten Herausforderungen gefragt werden, verändert sich ihre Wahrnehmung und neue Handlungsspielräume werden erkennbar.

Eine weitere Methode, die häufig in der systemischen Beratung eingesetzt wird, sind skalierende Fragen (Neuberger, Lenz, Seidler, 2002, S. 74). Sie ermöglichen es, subjektive Einschätzungen auf einer Skala zu bewerten und Veränderungen im Beratungsverlauf sichtbar zu machen. Ratsuchende können beispielsweise angeben, wie belastend sie eine Situation auf einer Skala von 1 bis 10 empfinden oder wie zuversichtlich sie hinsichtlich einer Lösung sind. Dadurch lassen sich Fortschritte dokumentieren und kleine Erfolge bewusst wahrnehmen, was sich positiv auf die Motivation auswirkt.

All diese Fragetechniken folgen einem gemeinsamen Prinzip: Sie eröffnen Räume für Reflexion, regen zum Perspektivwechsel an und fördern eine aktive Auseinandersetzung mit der eigenen Situation. Anstatt sich auf Defizite zu konzentrieren, werden vorhandene Ressourcen aktiviert und Möglichkeiten für Veränderung sichtbar gemacht. In der Praxis zeigt sich immer wieder, dass der gezielte Einsatz dieser Fragen nicht nur Erkenntnisse schafft, sondern auch nachhaltige Prozesse in Gang setzt, die über die eigentliche Beratung hinaus wirksam bleiben.

1.4 Ziel der Beratung: Selbstwirksamkeit und Lösungsfindung

Das zentrale Anliegen der systemischen Beratung besteht darin, Klienten in ihrer Selbstwirksamkeit zu stärken und ihnen Wege aufzuzeigen, wie sie ihre Lebensrealität aktiv gestalten können (Neuberger, Lenz, Seidler, 2002, S. 45). Im Gegensatz zu direktiven Beratungsformen, die auf Ratschläge oder vorgefertigte Lösungen setzen, geht es hier darum, Menschen zu befähigen, ihre eigenen Ressourcen zu erkennen und selbst tragfähige Lösungsstrategien zu entwickeln.

Ein wesentliches Element dieses Prozesses ist die Reflexion über das eigene System. Menschen befinden sich stets in sozialen Bezügen, die ihr Denken, Fühlen und Handeln beeinflussen. Oft sind sie sich dieser Zusammenhänge jedoch nicht bewusst und erleben ihre Situation als unveränderlich. Die systemische Beratung setzt genau an diesem Punkt an, indem sie hilft, bestehende Beziehungsmuster zu analysieren und neue Handlungsoptionen zu entdecken. Dabei wird nicht nur die individuelle Perspektive berücksichtigt, sondern auch die Wechselwirkungen mit anderen Beteiligten, sei es in der Familie, im Arbeitsumfeld oder im weiteren sozialen Kontext.

Die Förderung der Selbstwirksamkeit erweist sich dabei als Schlüsselfaktor. Menschen, die erleben, dass sie selbst Einfluss auf ihre Situation nehmen können, entwickeln ein stärkeres Vertrauen in ihre Fähigkeiten und sind eher in der Lage, Herausforderungen aktiv zu bewältigen. Dies setzt voraus, dass sie erkennen, welche Mechanismen zur

Aufrechterhaltung ihrer Problemlage beitragen und welche alternativen Wege möglich sind. Dabei hilft die systemische Beratung, festgefahrene Denk- und Handlungsmuster zu hinterfragen und neue Perspektiven einzunehmen.

Dieser Prozess erfordert nicht nur kognitive Einsicht, sondern auch die Bereitschaft, Veränderungen auszuprobieren. Oft ist es hilfreich, kleine Schritte zu identifizieren, die im Alltag umgesetzt werden können, um neue Erfahrungen zu sammeln. Ein verändertes Kommunikationsverhalten innerhalb eines familiären Systems kann beispielsweise dazu führen, dass sich Konfliktmuster auflösen und neue Formen des Miteinanders entstehen. Ebenso kann die bewusste Entscheidung, eine problematische Beziehungskonstellation zu hinterfragen, neue Möglichkeiten eröffnen, die zuvor nicht sichtbar waren.

Die systemische Beratung wirkt somit nicht als externe Instanz, die Lösungen vorgibt, sondern als Begleiterin eines Prozesses, in dem Klienten ihre eigenen Kompetenzen entdecken und aktivieren. Indem sie lernen, ihr System bewusster zu steuern, gewinnen sie an Autonomie und gestalten ihr Leben zunehmend aus eigener Kraft. Der Beratungsprozess endet nicht mit einer vorgefertigten Lösung, sondern mit einem gestärkten Vertrauen in die eigene Fähigkeit, Herausforderungen zu meistern.

1.5 Problemanalyse: Muster statt Individuum

In der systemischen Beratung wird die Problemanalyse nicht als eine Suche nach individuellen Defiziten oder Schuldzuweisungen verstanden, sondern als eine Untersuchung der Interaktionsmuster, die innerhalb eines Systems, sei es eine Familie, ein Team oder eine Organisation, bestehen. Diese Perspektive verschiebt den Fokus von der isolierten Betrachtung einzelner Personen hin zu den dynamischen Beziehungen und Wechselwirkungen, die zwischen den Mitgliedern des Systems existieren. Probleme werden demnach nicht als Eigenschaften oder Fehler einer einzelnen Person angesehen, sondern als Ausdruck von Mustern, die sich im Laufe der Zeit entwickelt haben und durch die Art und Weise, wie die Beteiligten miteinander umgehen, aufrechterhalten werden.

Ein zentraler Gedanke dabei ist, dass jedes System, ob familiär, beruflich oder gesellschaftlich, bestimmte Regeln, Normen und Verhaltensweisen hervorbringt, die das Handeln seiner Mitglieder prägen. Diese Muster sind oft unbewusst und entstehen durch wiederholte Interaktionen, die sich im Laufe der Zeit verfestigen. Wenn ein Problem auftritt, ist es daher weniger sinnvoll, nach einem "Schuldigen" zu suchen, als vielmehr zu fragen: Welche Interaktionsmuster tragen dazu bei, dass dieses Problem entsteht und bestehen bleibt? Wie beeinflussen die Beziehungen und Kommunikationsstrukturen innerhalb des Systems das Verhalten der einzelnen Mitglieder?

Ein Beispiel aus der Familienberatung kann dies verdeutlichen: Ein Kind, das in der Schule Schwierigkeiten hat, wird oft als "Problemkind" etikettiert. Die traditionelle Herangehensweise könnte darin bestehen, das Kind zu therapieren oder zu disziplinieren, um sein Verhalten zu ändern. Die systemische Perspektive hingegen fragt: Welche Rolle spielt das Kind innerhalb der Familie? Gibt es bestimmte Interaktionsmuster, die das Verhalten des Kindes begünstigen? Vielleicht übernimmt das Kind unbewusst die Rolle des "Sündenbocks", um von anderen familiären Konflikten abzulenken. Vielleicht gibt es bestimmte Kommunikationsmuster zwischen den Eltern, die das Kind in eine schwierige Position bringen. Indem man diese Muster identifiziert und versteht, kann man das Problem nicht nur auf einer tieferen Ebene begreifen, sondern auch nachhaltigere Lösungen entwickeln.

Die systemische Problemanalyse betont also, dass Probleme nicht in Isolation betrachtet werden können, sondern immer im Kontext der Beziehungen und Interaktionen, in denen sie entstehen. Dies erfordert eine Haltung der Neugier und des Respekts gegenüber allen Beteiligten, da jeder Einzelne sowohl Teil des Problems als auch Teil der Lösung ist. Es geht nicht darum, Schuld zuzuweisen, sondern darum, die zugrunde liegenden Muster zu erkennen und zu verändern.

Ein weiterer wichtiger Aspekt ist die Annahme, dass Systeme selbstregulierend sind. Das bedeutet, dass sie dazu neigen, ein Gleichgewicht aufrechtzuerhalten, auch wenn dieses Gleichgewicht dysfunktional ist. Ein Beispiel hierfür ist das Phänomen der "Homöostase" in Familien:

Selbst, wenn eine Veränderung angestrebt wird, gibt es oft unbewusste Kräfte, die versuchen, den Status quo zu bewahren. Dies kann dazu führen, dass Lösungsversuche scheitern oder sogar neue Probleme entstehen. Die systemische Beratung zielt daher darauf ab, diese selbstregulierenden Mechanismen zu verstehen und zu durchbrechen, um Raum für neue, gesündere Muster zu schaffen.

Die systemische Problemanalyse stellt daher eine grundlegend andere Herangehensweise an Probleme dar. Sie betont die Bedeutung von Interaktionsmustern und Beziehungsdynamiken und lenkt den Blick weg von individuellen Defiziten hin zu den systemischen Zusammenhängen, in denen Probleme entstehen und aufrechterhalten werden. Diese Perspektive ermöglicht es, Probleme nicht nur besser zu verstehen, sondern auch ganzheitlichere und nachhaltigere Lösungen zu entwickeln, die das gesamte System stärken.

1.6 Lösungsorientierung: Die Kraft des Positiven

Die Lösungsorientierung nimmt eine zentrale Rolle ein. Im Gegensatz zu traditionellen Ansätzen, die oft stark auf die Analyse und das Verständnis von Problemen ausgerichtet sind, liegt der Fokus hier auf der Identifikation und Nutzung von Ressourcen, die zur Bewältigung von Herausforderungen beitragen können. Diese Herangehensweise basiert auf der Annahme, dass jedes System über Potenziale und Stärken verfügt, die aktiviert werden können, um positive Veränderungen zu bewirken.

Die Lösungsorientierung geht davon aus, dass die Beschäftigung mit Problemen allein oft nicht ausreicht, um nachhaltige Veränderungen zu erreichen. Stattdessen wird die Aufmerksamkeit auf das gerichtet, was bereits funktioniert, auf die Fähigkeiten und Kompetenzen der Beteiligten sowie auf die Momente, in denen das Problem weniger stark oder gar nicht präsent ist. Diese Perspektive ermöglicht es, einen konstruktiven und zukunftsgerichteten Dialog zu führen, der die Motivation und das Vertrauen der Beteiligten stärkt.

Ein zentrales Element der lösungsorientierten Beratung ist die Frage nach Ausnahmen: Wann tritt das Problem nicht auf? Was ist in diesen Momenten anders? Durch die Identifikation solcher Ausnahmen können oft wertvolle Hinweise auf mögliche Lösungsansätze gewonnen werden. Zum Beispiel könnte sich in einer Familie, in der es häufig zu Konflikten kommt, herausstellen, dass es bestimmte Situationen gibt, in denen die Kommunikation harmonisch verläuft. Die Analyse dieser Ausnahmen kann dazu beitragen, Muster zu erkennen, die auf andere Bereiche übertragen werden können.

Ein weiterer wichtiger Aspekt ist die Betonung der Ressourcenorientierung (Neuberger, Lenz, Seidler, 2002, S. 43, 60). Jedes System verfügt über individuelle Stärken und Fähigkeiten, die oft ungenutzt oder unbemerkt bleiben. Die systemische Beratung zielt darauf ab, diese Ressourcen sichtbar zu machen und zu aktivieren. Dies kann beispielsweise durch die Frage geschehen: Was hat in der Vergangenheit geholfen, ähnliche Herausforderungen zu bewältigen? Oder: Welche Fähigkeiten und Qualitäten bringen die Beteiligten mit, die zur Lösung des aktuellen Problems beitragen könnten? Indem man den Blick auf diese Ressourcen lenkt, wird nicht nur das Selbstvertrauen der Beteiligten gestärkt, sondern es werden auch konkrete Handlungsmöglichkeiten aufgezeigt.

Die lösungsorientierte Herangehensweise ist auch eng mit der Idee der Selbstwirksamkeit verbunden. Sie ermutigt die Beteiligten, sich als aktive Gestalter ihrer eigenen Situation zu sehen, anstatt sich als Opfer äußerer Umstände zu fühlen. Dies geschieht unter anderem durch die Formulierung von klaren, erreichbaren Zielen, die als Leitfaden für den Veränderungsprozess dienen. Diese Ziele werden oft in kleinen, realistischen Schritten definiert, um sicherzustellen, dass sie umsetzbar sind und schnell Erfolgserlebnisse ermöglichen. Solche Erfolge wiederum stärken die Motivation und das Vertrauen in die eigenen Fähigkeiten.

Ein weiteres Merkmal der lösungsorientierten Beratung ist die positive und wertschätzende Haltung des Beraters. Anstatt Defizite zu betonen oder Schuld zuzuweisen, wird die Aufmerksamkeit auf das gelegt, was bereits gut funktioniert und was in der Zukunft möglich ist. Diese Haltung schafft eine Atmosphäre der Zusammenarbeit und des gegenseitigen Respekts, die es den Beteiligten erleichtert, sich zu öffnen und aktiv an der Lösungsfindung mitzuwirken.

Die Lösungsorientierung ist somit nicht nur eine Methode, sondern eine grundlegende Haltung, die den Blick auf das Positive und Mögliche richtet. Sie ermutigt dazu, Probleme nicht als unüberwindbare Hindernisse zu sehen, sondern als Herausforderungen, die mit den vorhandenen Ressourcen und Fähigkeiten bewältigt werden können. Diese Perspektive schafft nicht nur Raum für kreative und innovative Lösungen, sondern stärkt auch das Vertrauen in die eigene Handlungsfähigkeit und die Zuversicht, dass Veränderungen möglich sind.

1.7 Funktion von Leid: Die positive Umdeutung

Die Idee, dass Leid eine Funktion innerhalb eines Systems haben kann (Neuberger, Lenz, Seidler, 2002, S. 19), mag auf den ersten Blick paradox erscheinen. Doch aus systemischer Perspektive wird deutlich, dass selbst schmerzhafte Erfahrungen oder dysfunktionale Verhaltensweisen oft eine bestimmte Rolle erfüllen und in einem größeren Zusammenhang Sinn machen können. Diese Sichtweise ermöglicht es, Leid nicht ausschließlich als etwas Negatives oder Sinnloses zu betrachten, sondern es in seinem Kontext zu verstehen und möglicherweise sogar positiv umzudeuten.

Ein zentraler Gedanke dabei ist, dass jedes Verhalten, jedes Symptom und jedes Leiden in einem bestimmten System eine Funktion erfüllt. Diese Funktion mag nicht immer offensichtlich sein, doch sie trägt oft dazu bei, ein Gleichgewicht aufrechtzuerhalten oder bestimmte Bedürfnisse zu erfüllen. Ein Beispiel hierfür ist das Phänomen des "Symptomträgers" in Familien: Ein Kind, das durch auffälliges Verhalten wie Schulschwänzen oder Aggressionen auf sich aufmerksam macht, kann unbewusst dazu beitragen, dass bestimmte familiäre Konflikte in den Hintergrund treten und langfristig an Bedeutung verlieren. Das Verhalten des Kindes hat in diesem Fall eine stabilisierende Funktion für das System, auch wenn es auf individueller Ebene problematisch ist.

Die positive Umdeutung von Leid bedeutet nicht, dass Schmerz oder Schwierigkeiten verharmlost oder ignoriert werden sollen. Vielmehr geht es darum, die zugrunde liegende Logik zu erkennen und zu verstehen, welche

Rolle das Leiden im System spielt. Diese Perspektive kann dazu beitragen, Mitgefühl und Verständnis für alle Beteiligten zu entwickeln, anstatt vorschnell zu urteilen oder Schuld zuzuweisen. Indem man die Funktion des Leidens anerkennt, wird es möglich, neue Wege zu finden, um die Bedürfnisse des Systems auf gesündere und konstruktivere Weise zu erfüllen.

Ein weiteres Beispiel für die positive Umdeutung von Leid findet sich in der Arbeit mit Paaren. Konflikte und Krisen in einer Beziehung werden oft als Zeichen von Scheitern oder Unvereinbarkeit interpretiert. Aus systemischer Sicht können sie jedoch auch als Hinweise auf unerfüllte Bedürfnisse oder unausgesprochene Erwartungen verstanden werden. Indem man die Konflikte als Ausdruck eines tieferliegenden Anliegens betrachtet, kann man sie in eine Chance für Wachstum und Veränderung verwandeln. Die Krise wird dann nicht mehr als etwas Bedrohliches, sondern als eine Möglichkeit gesehen, die Beziehung auf eine neue Grundlage zu stellen.

Die positive Umdeutung von Leid erfordert jedoch auch eine Haltung der Neugier und des Respekts. Es geht darum, die Komplexität menschlicher Systeme anzuerkennen und die Vielschichtigkeit von Verhalten und Emotionen zu würdigen. Diese Herangehensweise ermöglicht es, Lösungen zu finden, die nicht nur oberflächliche Symptome bekämpfen, sondern die tieferliegenden Dynamiken berücksichtigen. Sie schafft Raum für Empathie und Verständnis, indem sie zeigt, dass selbst das scheinbar Sinnlose oder Schmerzhafte einen Platz und eine Bedeutung im größeren Ganzen haben kann.

Indem man Leid in diesem Sinne umdeutet, wird es möglich, neue Perspektiven zu entwickeln und alternative Handlungsmöglichkeiten zu erkunden. Dies kann dazu beitragen, dass die Beteiligten aus einer Opferrolle heraustreten und sich als aktive Gestalter ihrer Situation wahrnehmen. Die Anerkennung der Funktion von Leid ist somit nicht nur ein Schritt zur Lösung von Problemen, sondern auch eine Möglichkeit, das Verständnis für die Komplexität menschlicher Beziehungen zu vertiefen und neue Wege der Zusammenarbeit und des Miteinanders zu erschließen.

1.8 Positive Psychologie: Die Stärken der Menschen

Die Positive Psychologie, als wissenschaftliche Strömung, revolutionierte den Blick auf menschliches Wohlbefinden, indem sie sich nicht primär auf Defizite oder Pathologien konzentrierte, sondern auf die Erforschung und Förderung von Ressourcen, Stärken und sinnstiftenden Erfahrungen (vgl. Şahinöz, 2016, 2020a, 2024a). Dieser Ansatz, der maßgeblich von Martin Seligman und Mihály Csíkszentmihályi (Seligman 2012; Seligman, Csíkszentmihályi 2000) geprägt wurde, betont, dass psychische Gesundheit mehr ist als die Abwesenheit von Krankheit. Sie umfasst die aktive Kultivierung von Freude, Resilienz, Hoffnung und einem erfüllten Leben. In der therapeutischen Praxis bedeutet dies, dass die Stärkung positiver Aspekte und Erinnerungen nicht nur als ergänzendes Tool, sondern als zentraler Mechanismus zur Transformation genutzt wird.

Grundlegend ist hier die Annahme, dass jeder Mensch über ein individuelles Repertoire an Charakterstärken verfügt, sei es Kreativität, Neugier, Mut oder Mitgefühl, die als Fundament für persönliches Wachstum und Problemlösung dienen können. Anstatt sich auf die Reparatur von "Schäden" zu beschränken, zielt die Positive Psychologie darauf ab, diese Stärken zu identifizieren, zu aktivieren und in den Alltag zu integrieren. Ein Beispiel hierfür ist die Praxis des Strengths-Based Counseling, bei dem Klienten ermutigt werden, ihre eigenen Talente bewusst einzusetzen, um Herausforderungen zu meistern. Wer etwa über eine ausgeprägte soziale Intelligenz verfügt, könnte lernen, Konflikte durch empathische Kommunikation zu lösen, anstatt in passiver Hilflosigkeit zu verharren.

Ein weiteres Schlüsselkonzept ist die Bedeutung positiver Emotionen. Barbara Fredricksons (2004) Broaden-and-Build-Theorie zeigt, dass Freude, Dankbarkeit oder Inspiration nicht nur momentane Glückszustände schaffen, sondern langfristig kognitive Flexibilität, soziale Bindungen und psychische Widerstandskraft fördern. In der Therapie kann dies durch gezielte Übungen wie das Dankbarkeitstagebuch oder die Fokussierung auf positive Erinnerungen umgesetzt werden. Eine Klientin, die unter depressiven Episoden leidet, könnte beispielsweise lernen, alltägliche Momente der Verbundenheit oder kleine Erfolge bewusst zu verankern, um einem negativen Gedankenkreislauf entgegenzuwirken.

Interessanterweise wird auch die Neuroplastizität des Gehirns hier relevant: Durch die wiederholte Aktivierung positiver neuronaler Netzwerke können sich neue, optimistischere Denkmuster verfestigen. Dies steht im Kontrast zu traditionellen Ansätzen, die oft darauf abzielen, dysfunktionale Muster zu "löschen". Die Positive Psychologie argumentiert, dass die Stärkung des Positiven automatisch Schwächen in den Hintergrund treten lässt, ähnlich wie das Anzünden eines Lichts die Dunkelheit verdrängt, ohne direkt gegen sie kämpfen zu müssen.

Kritisch betrachtet, darf dieser Ansatz jedoch nicht als naiver Optimismus missverstanden werden. Es geht nicht darum, Leid zu ignorieren oder Schwierigkeiten zu beschönigen, sondern darum, einen Ausgleich zu schaffen: Indem Resilienz und Freude systematisch gestärkt werden, entsteht ein emotionales Polster, welches es Menschen ermöglicht, Krisen mit größerer Gelassenheit zu begegnen. In der systemischen Beratung zeigt sich dies besonders deutlich, wenn Familien oder Teams lernen, Konflikte nicht nur als Probleme, sondern auch als Chancen für die Stärkung von Zusammenhalt und gegenseitiger Wertschätzung zu nutzen.

Die Positive Psychologie spiegelt ein tiefes Vertrauen in die menschliche Fähigkeit zur Selbsttransformation wider. Sie erinnert daran, dass selbst in schwierigen Lebensphasen, ob durch traumatische Erlebnisse, Verluste oder chronischen Stress, der Zugang zu inneren Ressourcen nie vollständig blockiert ist. Durch die bewusste Hinwendung zu dem, was gelingt, was Freude bereitet und was Sinn stiftet, entsteht nicht nur individuelle Heilung, sondern auch ein kollektives Gefühl von Ermächtigung. Dies unterstreicht, warum die Arbeit mit Stärken und positiven Erinnerungen kein optionaler "Zusatz" in der Therapie ist, sondern ein essenzieller Wegweiser hin zu einem Leben, das nicht nur funktioniert, sondern wirklich lebenswert ist.

1.9 Anpassung: Die individuelle Note

Die systemische Beratung lebt von der Überzeugung, dass es keine universell gültigen Lösungen gibt. Jede Intervention muss so individuell sein wie die Menschen und Systeme, mit denen sie arbeitet. Diese Haltung spiegelt sich in der konsequenten Anpassung an die Bedürfnisse, Werte und kulturellen Prägungen der Beteiligten wider. Es geht nicht darum, Methoden schematisch anzuwenden, sondern sie behutsam in den spezifischen Kontext einzubetten, in dem ein Problem entsteht und fortbesteht.

Kulturelle Sensibilität spielt hier eine Schlüsselrolle. Gesellschaftliche Normen, familiäre Traditionen oder religiöse Überzeugungen prägen, wie Menschen Konflikte interpretieren, Emotionen ausdrücken oder Hilfe suchen (Şahinöz, 2020b). Ein Beispiel: In einer Familie mit Migrationshintergrund könnten Generationenkonflikte nicht nur durch typische Erziehungsfragen entstehen, sondern durch die Spannung zwischen traditionellen Werten und den Anforderungen einer neuen kulturellen Umgebung. Ein Berater, der dies ignoriert und standardisierte Kommunikationstechniken anwendet, würde an der Realität der Familie vorbeiagieren. Stattdessen muss er verstehen, welche Rolle Respekt, Hierarchie oder kollektive Verantwortung in diesem System spielen und wie diese Faktoren genutzt werden können, um Brücken zu bauen.

Doch Individualisierung bedeutet mehr als kulturelle Anpassung. Auch innerhalb homogener Gruppen unterscheiden sich Systeme stark: Was für eine Familie in einer ländlichen Region funktioniert, kann in einem urbanen Umfeld kontraproduktiv sein. Selbst scheinbar ähnliche Probleme, etwa Kommunikationsstörungen in Partnerschaften, haben unterschiedliche Wurzeln, die nur durch eine tiefgehende Exploration der individuellen Dynamiken sichtbar werden. Ein Paar, das ständig streitet, könnte unter oberflächlichen Konflikten unausgesprochene Ängste vor Bindungsverlust oder unerfüllte Bedürfnisse nach Autonomie verbergen. Die Kunst liegt darin, nicht nur die sichtbaren Muster zu erkennen, sondern die dahinterliegenden emotionalen Landkarten zu lesen und die Intervention daran auszurichten.

Ein weiterer Aspekt ist die Flexibilität in der Methodenwahl. Systemische Berater agieren oft als "Werkzeugkünstler", die ihr Repertoire, ob Skulptieren familiärer Beziehungen, Reframing oder Genogrammarbeit, stets an die Möglichkeiten und Grenzen des Systems anpassen. Bei einer Jugendlichen mit sozialen Ängsten könnte die Arbeit mit Metaphern oder kreativen Medien effektiver sein als direkte Gespräche; in einem hierarchisch geprägten Unternehmenskontext mag die Einführung ritualisierter Feedbackrunden mehr bewirken als offene Konfliktmoderation. Entscheidend ist, dass die gewählte Methode nicht nur fachlich fundiert, sondern auch emotional und kulturell "passend" ist.

Gleichzeitig erfordert diese Anpassung eine kritische Selbstreflexion des Beraters. Vorannahmen, eigene kulturelle Blindstellen oder implizite Normvorstellungen können unbewusst die Arbeit prägen. Ein Berater, der in einer individualistischen Gesellschaft sozialisiert wurde, muss sich beispielsweise bewusst mit kollektivistischen Familienstrukturen auseinandersetzen, um nicht versehentlich Lösungen vorzuschlagen, die die Gruppenidentität untergraben. Diese reflexive Haltung ist kein einmaliger Akt, sondern ein kontinuierlicher Prozess, der Neugier, Demut und die Bereitschaft zum Lernen voraussetzt.

Die "individuelle Note" der systemischen Beratung zeigt sich darin, dass sie Menschen nicht in Schubladen steckt, sondern ihre Einzigartigkeit ernst nimmt. Sie erkennt an, dass jedes System eine eigene Sprache spricht, eigene Regeln folgt und eigene Ressourcen besitzt und dass erst die Wertschätzung dieser Eigenheiten nachhaltige Veränderung ermöglicht. Diese Haltung transformiert Beratung von einer technischen Intervention in einen gemeinsamen Suchprozess, bei dem der Weg zur Lösung ebenso individuell ist wie die Lösung selbst.

1.10 Veränderung von Erzählungen: Die Umdeutung (Reframing) als Chance

Die Macht von Erzählungen prägt nicht nur, wie wir die Welt sehen, sondern auch, wie wir in ihr handeln. In der systemischen Beratung wird diese Erkenntnis genutzt, um festgefahrene Problemgeschichten zu dekonstruieren und in Lösungsnarrative umzuwandeln. Dieser Prozess der Umdeutung, auch Reframing genannt (vgl. Neuberger, Lenz, Seidler, 2002, S. 64), ist keine bloße Wortspielerei, sondern ein tiefgreifender Eingriff in die Art und Weise, wie Systeme ihre Realität interpretieren. Indem die Geschichte neu erzählt wird, entstehen plötzlich Handlungsoptionen, die zuvor unsichtbar schienen.

Jedes System entwickelt über die Zeit Narrative, die Probleme verstärken oder verfestigen. Eine Familie etwa könnte sich als "gescheitert" definieren, weil ein Kind schulische Schwierigkeiten hat; ein Team in einem Unternehmen sieht sich vielleicht als "Opfer" einer dysfunktionalen Führungskraft. Diese Erzählungen wirken wie unsichtbare Skripte: Sie lenken Aufmerksamkeit, prägen Erwartungen und begrenzen die Vorstellung davon, was möglich ist. Die systemische Intervention zielt darauf ab, diese Skripte zu unterbrechen und durch Geschichten zu ersetzen, die Ressourcen, Handlungsfähigkeit und Veränderungspotenziale betonen.

Ein Beispiel: Ein Jugendlicher, der als "aggressiv" und "unkooperativ" beschrieben wird, könnte in einer Umdeutung zum "Beschützer" werden, der durch sein Verhalten jüngere Geschwister vor familiären Konflikten abschirmt. Diese neue Interpretation ändert nicht die

Fakten, wohl aber ihre Bewertung. Plötzlich wird das Verhalten nicht mehr als willentliche Provokation, sondern als Ausdruck von Verantwortungsgefühl gesehen. Diese Verschiebung ermöglicht es dem System, anders auf den Jugendlichen zu reagieren, nicht mit Sanktionen, sondern mit Anerkennung seiner Rolle und der Suche nach alternativen Wegen, Verantwortung zu übernehmen.

Der Schlüssel liegt darin, die Funktion des Problems innerhalb der Erzählung sichtbar zu machen. Oft dienen Problemgeschichten paradoxerweise dazu, Stabilität zu wahren, etwa, wenn eine Partnerschaft durch den Fokus auf Streitigkeiten davon ablenkt, sich mit tieferliegender emotionaler Distanz auseinanderzusetzen. Indem der Berater diese versteckten Funktionen offenlegt und alternative Deutungen anbietet, wird das System dazu eingeladen, die Geschichte neu zu schreiben. Dies erfordert Fingerspitzengefühl: Die Umdeutung muss plausibel sein, ohne die Erfahrungen der Beteiligten zu trivialisieren.

Ein weiteres Werkzeug ist die Externalisierung des Problems, eine Technik, die aus der narrativen Therapie stammt. Hier wird das Problem als eigenständige "Entität" betrachtet, die nicht mit der Identität der Person verschmolzen ist (Neuberger, Lenz, Seidler, 2002, S. 85). Statt zu sagen: „Du bist depressiv", könnte man formulieren: „Die Depression versucht gerade, dich zu überwältigen." Diese sprachliche Trennung schafft Distanz und ermöglicht es den Betroffenen, sich als Akteure im Kampf gegen das Problem zu sehen, anstatt sich mit ihm zu identifizieren.

Doch die Umdeutung von Narrativen geht über individuelle Geschichten hinaus. In Organisationen oder Gemeinschaften können kollektive Erzählungen, etwa „Wir sind dem Markt ausgeliefert" oder „Hier wird nichts jemals besser", lähmend wirken. Durch die Einführung neuer Metaphern, z. B. „Wir sind Pioniere in unruhigen Gewässern", oder die Betonung vergangener Erfolge, „Erinnern Sie sich, wie wir die letzte Krise gemeistert haben?", werden Handlungsmut und Zuversicht reaktiviert. Diese neuen Narrative wirken wie Katalysatoren, die das System dazu befähigen, aus der Passivität auszubrechen. Kritisch ist dabei, dass die Umdeutung nicht als Manipulation missverstanden wird. Es geht nicht darum, Realität zu verzerren, sondern verengte Perspektiven zu weiten. Die "Wahrheit" eines Systems ist immer multidimensional. Die Kunst besteht darin, jene Facetten hervorzuheben, die Entwicklung ermöglichen. Dies setzt voraus, dass der Berater selbst multiperspektivisch denkt und die neuen Narrative gemeinsam mit den Beteiligten entwickelt, statt sie von außen aufzuzwingen.

Die Arbeit mit Narrativen zeigt, dass Sprache nicht nur beschreibt, sondern auch hervorbringt. Wenn eine Problemgeschichte in eine Lösungsgeschichte transformiert wird, verändert sich nicht nur die Vergangenheitsdeutung, sondern auch die Zukunftserwartung. Menschen beginnen, sich selbst und andere durch die Brille der Möglichkeiten zu sehen und genau darin liegt die transformative Kraft der Umdeutung: Sie verwandelt Ohnmacht in Gestaltungswillen und schreibt Geschichten, in denen Veränderung nicht nur denkbar, sondern unvermeidlich wird.

1.11 Organisatorisches: Klarheit schaffen

Die Festlegung organisatorischer und inhaltlicher Rahmenbedingungen ist kein bloßer Verwaltungsakt, sondern ein struktureller Grundpfeiler systemischer Beratung (Neuberger, Lenz, Seidler, 2002, S. 56ff). Sie schafft den notwendigen Ordnungsrahmen, in dem Vertrauen wachsen und Veränderungsprozesse sicher navigiert werden können. Ohne Klarheit über Ort, Kosten, Zeitplanung, Sitzungsfrequenz, rechtliche Bedingungen, Kommunikationsmethoden oder Stornierungsregeln entsteht ein Vakuum der Ungewissheit, das unbewusste Ängste schüren und die Energie des Systems von inhaltlicher Arbeit auf Nebenschauplätze lenken kann.

Aus systemtheoretischer Perspektive spiegelt diese Klarheit die Notwendigkeit wider, Grenzen und Regeln zu definieren, die ein System erst handlungsfähig machen. Niklas Luhmann (2022) betonte, dass soziale Systeme durch die Reduktion von Komplexität funktionieren. Klare Absprachen reduzieren die Unvorhersehbarkeit von Interaktionen und ermöglichen es den Beteiligten, sich auf das Wesentliche zu konzentrieren. Eine Familie, die sich in einer Krisenberatung befindet, kann beispielsweise nur dann offen über emotionale Konflikte sprechen, wenn sie nicht gleichzeitig mit ungeklärten Fragen zur Finanzierung der Sitzungen oder zur Vertraulichkeit der Gespräche hadert.

Kulturell und soziologisch betrachtet, sind organisatorische Vereinbarungen nie neutral. Sie transportieren implizite Werte und Machtdynamiken. In kollektivistisch geprägten Kontexten könnte die

Festlegung von "Stornierungsregeln" anders interpretiert werden als in individualistischen Settings, etwa als Ausdruck von Respekt gegenüber der Gruppenzeit oder als unflexible Bürokratie. Ein Berater, der dies ignoriert, riskiert, dass scheinbar neutrale Regeln als kulturelle Missverständnisse wahrgenommen werden. Gleichzeitig können klare, gemeinsam ausgehandelte Strukturen Machtasymmetrien ausbalancieren: Wenn ein Klient genau weiß, unter welchen Bedingungen er den Berater kontaktieren kann, schafft dies Transparenz und reduziert Abhängigkeitsgefühle.

Ein Beispiel aus der Praxis: In einer Teamberatung, in der Konflikte um Arbeitslast und Prioritäten eskalieren, kann bereits die Einführung eines verbindlichen Zeitplans für Sitzungen, mit festen Start- und Endzeiten, dysfunktionale Muster unterbrechen. Die Struktur signalisiert, dass jedes Teammitglied gleichwertigen Zugang zum Raum der Reflexion hat, und schützt gleichzeitig vor der Tendenz, Sitzungen endlos auszudehnen, um "alle Probleme auf einmal zu lösen". Hier zeigt sich, wie organisatorische Klarheit nicht nur logistische Fragen regelt, sondern selbst zur Intervention wird: Sie modelliert einen respektvollen Umgang mit Ressourcen (Zeit, Aufmerksamkeit, Energie), der oft auf die inhaltliche Ebene abstrahlt.

Rechtliche Aspekte, oft als lästige Formalien abgetan, sind ebenfalls systemisch relevant. Vertraulichkeitsvereinbarungen oder datenschutzrechtliche Klauseln schützen nicht nur juristisch, sondern schaffen einen "sicheren Container" für vulnerable Themen. In einer Einzelberatung etwa kann die explizite Zusicherung, dass Gesprächsinhalte nicht an Dritte weitergegeben werden, die Bereitschaft erhöhen, tabuisierte Erfahrungen, wie Scham über berufliches Scheitern oder familiäre Gewalt, zu teilen. Gleichzeitig verhindern klare Kommunikationsregeln (z. B. „Keine Kontaktaufnahme außerhalb der vereinbarten Kanäle") die Entstehung von Doppelbindungen, in denen Klienten zwischen Nähe und Professionalität hin- und hergerissen werden.

Die scheinbar banale Frage des Ortes entpuppt sich bei genauer Betrachtung als symbolisch aufgeladen. Ein neutraler Beratungsraum kann Hierarchien entschärfen, die in einem Chefbüro oder dem Wohnzimmer der Familie mitschwingen würden (vgl. Şahinöz, 2024b). In ländlichen Gemeinschaften, wo Beratung oft im öffentlichen Raum stattfindet, mag die Wahl eines vertraulichen Ortes jedoch Misstrauen wecken. Hier muss der Berater abwägen: Soll die Umgebung Sicherheit durch Neutralität oder durch vertraute Kontextgebundenheit schaffen? Diese Entscheidung ist nie technisch, sondern immer systemisch. Sie beeinflusst, wie Informationen fließen und welche Rollen eingenommen werden.

Die Klärung organisatorischer Aspekte ist auch ein Akt der Wertschätzung. Sie signalisiert: „Ihre Zeit, Ihre Ressourcen und Ihre Grenzen werden ernst genommen." In einer Welt, die von Überlastung und Unsicherheit geprägt ist, wird dieser Rahmen selbst zum Teil des Heilungsprozesses. Indem er Verlässlichkeit und Vorhersehbarkeit bietet, wird er zum Mikrokosmos einer funktionalen Systemlogik. Einer, die die Beteiligten im Idealfall in ihre eigenen Lebenskontexte übertragen können. So wird organisatorische Klarheit nicht nur zur Voraussetzung, sondern zur Metapher für die

Veränderung, die in der Beratung angestrebt wird: die Fähigkeit, Chaos in Struktur, Ohnmacht in Gestaltungskraft zu verwandeln.

1.12 Kontrakt: Die Basis der Zusammenarbeit

Der Kontrakt in der systemischen Beratung ist nicht einfach nur ein formales Dokument. Er ist die lebendige Schnittstelle, an der sich die Erwartungen, Bedürfnisse und Möglichkeiten aller Beteiligten verdichten. Diese Vereinbarung zwischen Berater und Klient-System bildet nicht nur den rechtlichen und ethischen Rahmen, sondern verkörpert die Essenz einer gelungenen Passung: die Kunst, Auftrag und Angebot so aufeinander abzustimmen, dass sie zum Nährboden für Vertrauen und Veränderung werden.

Aus systemtheoretischer Perspektive ist der Kontrakt ein paradoxes Gebilde. Einerseits schafft er Stabilität, indem er Rollen, Ziele und Grenzen definiert; andererseits bleibt er prinzipiell veränderbar, da sich die Dynamiken des Systems im Prozess fortwährend neu justieren. Ein Beispiel: Eine Familie sucht Hilfe wegen schulischer Probleme ihres Kindes. Im Erstgespräch kristallisiert sich heraus, dass der eigentliche Leidensdruck in ungelösten Paarkonflikten der Eltern wurzelt, die sich auf das Kind projizieren. Der ursprüngliche Auftrag ("Unterstützung für das Kind") muss nun neu verhandelt werden, ohne die Familie zu überrumpeln. Der Kontrakt wird hier zum flexiblen Kompass, der die Richtung anpasst, ohne den gemeinsamen Kurs zu verlassen.

Kulturell betrachtet, ist die Kontraktgestaltung ein Spiegel gesellschaftlicher Machtverhältnisse. In einigen Kultursystemen mag die Erwartungshaltung an Berater eher expertokratisch geprägt sein („Sagen Sie uns, was wir tun sollen"), während andere Kulturen den Kontrakt als gleichberechtigten Aushandlungsprozess verstehen (vgl. Şahinöz, 2020b). Familien aus bestimmten Kulturkreisen könnten implizit erwarten, dass der Berater traditionelle Hierarchien respektiert, während der Berater gleichzeitig die Stimmen aller Mitglieder einbeziehen möchte. Diese Spannung erfordert eine sensible Balance zwischen kultureller Wertschätzung und professioneller Ethik.

Ein oft übersehener Aspekt ist die implizite Dimension des Kontrakts: die unausgesprochenen Erwartungen, Ängste und Hoffnungen, die wie Unterströmungen jede Interaktion prägen. Eine Organisation, die ein Teambuilding-Seminar bucht, mag offiziell "bessere Kommunikation" anstreben, inoffiziell aber erwarten, dass der Berater die unpopuläre Entscheidung der Geschäftsführung legitimiert. Die Kunst liegt darin, diese versteckten Agenda sichtbar zu machen, ohne das System zu beschämen. Techniken wie zirkuläre Fragen („Was würde passieren, wenn wir heute nur über sichtbare Ziele sprechen?") oder metaphorisches Arbeiten („Wenn dieser Kontrakt ein Tier wäre, welche Eigenschaften hätte es?") können hier Brücken bauen.

Ökonomische Aspekte spielen eine unterschätzte Rolle. Die Vereinbarung über Kosten, Dauer und Honorar ist nie neutral. In prekären Lebenssituationen kann bereits die Frage nach dem Stundensatz Machtgefühle auslösen („Bin ich diese Investition wert?"). Umgekehrt birgt eine als zu niedrig empfundene Vergütung die Gefahr, dass Klienten das Angebot unbewusst abwerten. Ein gelungener Kontrakt navigiert diese Fallstricke, indem er Transparenz mit Empathie verbindet, etwa durch gestaffelte

Zahlungsmodelle oder klare Absprachen zu möglichen Finanzierungshilfen.

Die Dynamik des Kontrakts zeigt sich besonders in Krisenmomenten. Wenn eine Klientin plötzlich Sitzungen absagt oder ein Unternehmen die vereinbarten Maßnahmen blockiert, offenbart sich oft ein Bruch zwischen formeller Vereinbarung und impliziten Erwartungen. Solche Momente sind keine Störungen, sondern Fenster in die Tiefenstruktur des Systems. Vielleicht fürchtet die Klientin, durch zu viel Offenheit familiäre Loyalitäten zu verletzen; das Unternehmen spürt, dass der vereinbarte Change-Prozess Machtverschiebungen auslösen könnte, die es unbewusst sabotiert. Die Neujustierung des Kontrakts wird hier zum Interventionstool. Ein Schritt, der nicht nur praktische Rahmenbedingungen ändert, sondern die Beziehungsebene neu kalibriert.

Der Kontrakt ist eine Einladung zur Co-Kreation. Er anerkennt, dass sowohl Berater als auch Klient-System Experten sind, die eine für methodische Prozesse, die anderen für ihre einzigartige Lebensrealität. Diese Haltung durchbricht das klassische Helfer-Opfer-Schema und verwandelt Beratung in einen Dialog, in dem Lösungen nicht appliziert, sondern gemeinsam geboren werden. Der Kontrakt wird so zum lebendigen Organismus, der atmet, wächst und sich verwandelt, immer im Dienste der Frage: „Was braucht dieses System jetzt, um den nächsten Schritt zu gehen?"

1.13 Konkretheit: Die Messbarkeit des Erfolgs

Veränderung bleibt oft vage, wenn sie nicht klar definiert wird. In der systemischen Beratung ist es daher entscheidend, dass Klienten konkret benennen können, woran sie erkennen würden, dass ihr Problem gelöst oder eine Verbesserung eingetreten ist (Neuberger, Lenz, Seidler, 2002, S. 60). Die Messbarkeit des Erfolgs hilft nicht nur dabei, Fortschritte zu erkennen, sondern auch, ein realistisches Ziel vor Augen zu haben.

Wenn ein Klient sagt: „Ich möchte glücklicher sein", bleibt unklar, was das konkret bedeutet. Was genau wäre anders? Welche Verhaltensweisen oder äußeren Umstände würden sich ändern? Eine gezielte Nachfrage wie „Woran würden Sie merken, dass Sie glücklicher sind?" oder „Was wäre anders in Ihrem Alltag?" hilft, abstrakte Wünsche in greifbare Vorstellungen zu verwandeln. Vielleicht würde der Klient häufiger lachen, morgens mit mehr Energie aufstehen oder sich mehr Zeit für Hobbys nehmen. Solche spezifischen Merkmale sind wirkungsorientier und machen es leichter, Erfolge zu erkennen.

Ein Beispiel aus der Praxis zeigt, wie wichtig Konkretheit ist. Eine Mutter, die sich über die mangelnde Disziplin ihres Kindes beklagt, könnte gefragt werden: „Woran würden Sie merken, dass Ihr Kind disziplinierter geworden ist?" Ihre erste Antwort könnte lauten: „Es würde sich einfach besser benehmen." Doch das ist noch zu unbestimmt. Durch weitere Fragen könnte sie zu einer klareren Vorstellung gelangen: „Es würde nach der Schule selbstständig seine Hausaufgaben machen, ohne dass ich es mehrfach daran erinnern muss." Damit wird das Ziel überprüfbar und es kann beobachtet werden, ob eine Veränderung eintritt.

Auch in Paarberatungen zeigt sich die Bedeutung der Konkretheit. Ein Partner, der sich „mehr Nähe" wünscht, könnte genauer definieren, was das für ihn bedeutet. Heißt es, häufiger gemeinsam Zeit zu verbringen? Tägliche Gespräche zu führen? Mehr Zärtlichkeit zu zeigen? Indem solche Wünsche konkretisiert werden, können beide Partner bewusst darauf hinarbeiten und erkennen, ob Fortschritte erzielt werden.

Die Messbarkeit von Veränderung schafft zudem Motivation. Wenn Menschen ihre Fortschritte sichtbar machen, fühlen sie sich bestärkt. Das berühmte "Zielgewicht" in der Ernährungsberatung ist ein Beispiel dafür. Wer nur sagt: „Ich möchte abnehmen", bleibt in einer unklaren Vorstellung stecken. Wer sich jedoch ein konkretes Ziel setzt, etwa fünf Kilo weniger oder eine bestimmte Kleidergröße, hat eine klarere Richtung und kann gezielt daran arbeiten.

In der systemischen Beratung wird oft mit Skalierungsfragen gearbeitet, um Fortschritt messbar zu machen. Wenn jemand sagt, er fühle sich oft gestresst, könnte gefragt werden: „Auf einer Skala von 1 bis 10, wie gestresst fühlen Sie sich jetzt?" Wenn der Klient antwortet: „Eine 7", könnte die nächste Frage lauten: „Was müsste passieren, damit es eine 5 wird?" Diese Technik hilft, Veränderungen konkret zu fassen und kleine Schritte sichtbar zu machen.

Letztendlich bedeutet Konkretheit in der Beratung, dass Veränderung nicht nur als vage Hoffnung im Raum steht, sondern in klaren, überprüfbaren Merkmalen greifbar wird. Wer weiß, woran er eine Lösung erkennt, kann gezielter daran arbeiten und vor allem den Moment erkennen, wenn die gewünschte Veränderung tatsächlich eintritt.

2. Systemisches Denken und Haltungen: Eine Frage der Perspektive

2.1 Nützlichkeit: Das Ziel ist der Weg

Die systemische Beratung stellt die pragmatische Frage nach dem Nutzen jeder Intervention ins Zentrum (Neuberger, Lenz, Seidler, 2002, S. 7), nicht als bloße Effizienzmaxime, sondern als ethischen Imperativ. Die Frage nach dem Nutznießer, durchzieht hier wie ein roter Faden jeden Schritt: Wem dient diese Methode? Wem nützt diese Interpretation? Und vor allem: Dient sie dem Klientensystem oder verfestigt sie unbewusst Machtstrukturen, Abhängigkeiten oder gar die Identität des Beraters selbst? Dieser Ansatz verwandelt Beratung von einer technischen Anwendung von Tools in einen ständigen Dialog, in dem die Nützlichkeit zum Kompass wird, der den Weg zum Ziel zugleich definiert und infrage stellt.

Traditionelle Modelle neigen dazu, Interventionen anhand theoretischer Kohärenz zu bewerten. „Passt diese Technik zum Störungsbild?" oder „Entspricht sie dem Lehrbuch?" Die systemische Perspektive dreht diese Logik um: Nicht die Methode legitimiert das Ziel, sondern das Ziel legitimiert die Methode. Ein Beispiel aus der Organisationsberatung: Ein Team leidet unter chronischer Entscheidungslähmung. Ein dogmatischer Ansatz könnte stur auf agilen Methoden beharren, etwa Daily Stand-ups oder Sprint-Planning. Doch wenn sich herausstellt, dass die Blockade nicht in mangelnder Prozesskompetenz, sondern in unausgesprochenen Loyalitätskonflikten zur

Geschäftsführung wurzelt, wird Agile zum Placebo. Die wirklich nützliche Intervention wäre stattdessen, die unausgesprochenen Regeln der Entscheidungsvermeidung zu decodieren, etwa durch paradoxe Fragen („Was müsste passieren, damit Sie noch länger keine Entscheidung treffen können?") oder das Sichtbarmachen von "Tabu-Themen" in einem sicheren Setting.

Nützlichkeit entsteht nicht im Vakuum, sondern immer im Kontext der Beziehungsdynamiken eines Systems. Eine Intervention, die in einer Familie als befreiend erlebt wird (z. B. die Externalisierung eines "Schuldmonsters" bei Erbstreitigkeiten), kann in einem hierarchischen Unternehmen als destabilisierend wahrgenommen werden, selbst, wenn sie formal identisch ist. Der Schlüssel liegt im timing und in der Passung:

- **Timing**: Eine Reframing-Intervention zur Umdeutung von Konflikten als "Loyalitätsbeweise" wirkt nur, wenn das System bereits erste Zweifel an der Problemgeschichte hegt. Zu früh eingesetzt, trifft sie auf Widerstand; zu spät, verpufft sie als Banalität.

- **Passung**: Die "Skalierungsfrage" („Auf einer Skala von 1 bis 10: Wie nah sind Sie dem Ziel?") mag in einer technokratischen Kultur Akzeptanz finden, während sie in einem von Misstrauen geprägten Umfeld als oberflächlich abgetan wird. Alternativ könnte die Arbeit mit rituellen Handlungen (z. B. das symbolische Verbrennen von "Blockade-Zetteln") tiefer greifen.

Die scheinbar neutrale Frage „Was hilft?" verbirgt oft unausgesprochene Interessen: Berater, die ihre Lieblingsmethoden durchsetzen wollen; Organisationen, die "Quick Fixes" für tiefe Kulturprobleme suchen; Familien, die einen Sündenbock stabilisieren, statt Konflikte zu lösen. Die systemische Haltung erfordert daher eine radikale Selbstreflexion:

- **Wer profitiert davon, dass das Problem bestehen bleibt?** In einer dysfunktionalen Partnerschaft könnte der ständige Streit etwa beide vor der Angst bewahren, Intimität zuzulassen.

- **Welche Machtverhältnisse werden durch die Intervention gestützt oder untergraben?** Ein Coaching, das Führungskräfte "resilienter" macht, könnte ungewollt toxische Strukturen stabilisieren, statt sie zu transformieren.

Ein Beispiel aus der Jugendhilfe: Ein "auffälliger" Jugendlicher wird mit Verhaltenstherapie behandelt, doch die Symptome persistieren. Erst als der Berater die Funktion seines Verhaltens im Familiensystem erkundet, zeigt sich: Der Jugendliche inszeniert Schulverweigerung, um die Aufmerksamkeit der Eltern von ihrer drohenden Scheidung abzulenken. Die nützliche Intervention liegt nun nicht in der Verhaltensmodifikation, sondern darin, der Familie zu helfen, die eigentliche Krise anzuerkennen, womit das "störende" Verhalten obsolet wird.

In linearen Modellen wird Nützlichkeit oft anhand von "Key Performance Indicators" (KPI; Schlüsselkennzahlen) gemessen: Reduzierte Konflikte, gesteigerte Produktivität, verbesserte Stimmung. Systemisch betrachtet, sind solche Indikatoren trügerisch. Sie erfassen nicht die Nebeneffekte, die im Netzwerk der Beziehungen entstehen. Ein "erfolgreiches" Deeskalationstraining in einem Unternehmen könnte beispielsweise stillschweigende Koalitionen stärken, die später zu Machtkämpfen führen. Stattdessen plädiert die systemische Beratung für zirkuläre Feedbackschleifen:

1. **Mikro-Experimente**: Kleine, reversibel angelegte Interventionen („Was passiert, wenn Sie eine Woche lang alle Entscheidungen per Losverfahren treffen?"), deren Wirkung fortlaufend evaluiert wird.

2. **Paradoxe Erfolgskriterien**: Nicht "weniger Streit", sondern "authentischere Konflikte"; nicht "höhere Effizienz", sondern "mehr Raum für kreatives Scheitern".

Nützlichkeit ist kein statischer Zustand, sondern ein dynamischer Prozess. Was heute hilfreich ist (z. B. eine klare Hierarchie in der Gründungsphase eines Start-ups), kann morgen zur Fessel werden (wenn Innovation erstickt wird). Die Kunst liegt darin, Interventionen so zu gestalten, dass sie Selbstkorrektur ermöglichen, etwa durch eingebaute "Verfallsdaten" („Diese Regel gilt für drei Monate, dann evaluieren wir neu") oder die explizite Ermächtigung des Systems, die Beratung selbst zu modifizieren („Unser Vertrag kann jederzeit von Ihnen angepasst werden, wenn Sie spüren, dass er nicht mehr passt").

Indem die Frage „Wem nützt es?" zum ständigen Begleiter wird, verwandelt sich Beratung von einer Expertendienstleistung in einen gemeinsamen Suchprozess, indem nicht nur Probleme gelöst werden, sondern auch die Fähigkeit, immer wieder neue Fragen zu stellen, kultiviert wird.

2.2 Experten: Die Klienten als Experten des Lebens

Die systemische Beratung baut auf einem Vertrauen in die Expertise der Klienten. Eine Haltung, die nicht nur respektvoll, sondern auch empirisch fundiert ist. Jeder Mensch trägt ein einzigartiges Wissen über die eigene Biografie, die impliziten Regeln seines Umfelds und die ungeschriebenen Gesetze der Beziehungen, die sein Leben prägen. Diese innere Landkarte ist kein defizitäres Konstrukt, das durch externe Analysen "korrigiert" werden muss, sondern ein lebendiges Archiv aus Erfahrungen, intuitiven Strategien und überlebten Krisen. Die Rolle des Beraters besteht nicht darin, Ratschläge zu erteilen oder Pathologien zu diagnostizieren, sondern Räume zu schaffen, in denen diese latenten Ressourcen erkannt, benannt und aktiviert werden können.

Ein zentraler Gedanke ist hier die Abkehr vom Defizitblickwinkel. Während traditionelle Modelle oft darauf abzielen, Schwächen zu kompensieren oder Störungen zu "reparieren", geht die systemische Perspektive davon aus, dass Lösungen bereits im System existieren, verborgen unter Schichten gewohnter Narrative, unbewusster Loyalitäten oder kultureller Tabus. Ein Beispiel: Eine alleinerziehende Mutter, die sich als "überfordert" beschreibt, mag in der Beratung zunächst ihre vermeintlichen Versäumnisse thematisieren. Durch gezielte Fragen nach Momenten der Resilienz ("Wie haben Sie es geschafft, trotz aller Belastungen heute hier zu sein?") oder der Rekonstruktion vergangener Bewältigungsstrategien ("Was hat Ihnen geholfen, ähnliche Phasen früher zu meistern?") wird sie sich ihrer

58

eigenen Handlungsmacht bewusst. Plötzlich erscheint nicht sie als "Problem", sondern die Umstände als Herausforderung, der sie bereits vielfach gewachsen ist.

Diese Haltung ist eng mit dem Konzept der Autopoiesis sozialer Systeme verbunden (Neuberger, Lenz, Seidler, 2002, S. 19ff): Systeme organisieren sich selbst, sie generieren ihre eigenen Regeln und passen sich an, ohne externen Steuerungsversuchen zu gehorchen. Ein Berater, der dies anerkennt, wird zum Katalysator, nicht zum Direktor. Er versteht, dass Veränderung nur dann nachhaltig ist, wenn sie aus der Logik des Systems selbst erwächst, nicht als importierte "Lösung" von außen. In der Praxis bedeutet dies, dass Interventionen stets hypothetisch und einladend formuliert werden („Was wäre, wenn Sie nächste Woche experimentell eine andere Rolle in der Familie einnehmen würden?"), anstatt imperative Handlungsanweisungen zu geben.

Kulturelle Diversität verstärkt die Notwendigkeit dieser Haltung noch. In manchen Kulturen etwa können tradierte Rollenbilder oder kollektive Traumaerfahrungen das Selbstverständnis als "Experte des eigenen Lebens" (vgl. Neuberger, Lenz, Seidler, 2002, S. 53) überlagern. Ein Berater, der hier mit standardisierten Empowerment-Strategien arbeitet, riskiert, kulturelle Codes zu missachten. Stattdessen gilt es, die spezifischen Wissensbestände der Community zu respektieren, sei es die Weisheit spiritueller Praktiken, die Kraft generationenübergreifender Erzählungen oder die impliziten Regeln von Ehre und Solidarität. Die Kunst liegt darin, diese Ressourcen sichtbar zu machen, ohne sie in bestimmte Therapiekonzepte zu pressen.

Gleichzeitig birgt die Idee der Klienten als Experten eine paradoxe Herausforderung: Wie lässt sich dieses Prinzip wahren, wenn Menschen in akuten Krisen (etwa bei Suizidalität oder Gewalterfahrungen) subjektiv keine Handlungsoptionen mehr sehen? Hier zeigt sich die systemische Beratung als Balanceakt zwischen Respekt vor der Autonomie und der Verantwortung, Schutzräume zu schaffen. Auch in solchen Momenten geht es nicht darum, die Expertenrolle an sich zu reißen, sondern die vorhandenen, wenn auch fragmentarischen, Kräfte zu stabilisieren. Eine Klientin, die sagt: „Ich kann nicht mehr", könnte etwa gefragt werden: „Was hat Sie bisher davon abgehalten, diesen Gedanken ganz nachzugeben?" Die Antwort enthüllt oft unerwartete Überlebensstrategien, die als Ausgangspunkt für weitere Schritte dienen.

Letztlich ist diese Haltung eine Provokation gegen die Expertokratie moderner Gesellschaften, die Menschen oft zu Objekten von Interventionen degradiert. Indem die systemische Beratung die Klienten als Architekten ihrer eigenen Lösungen ernst nimmt, untergräbt sie subtil die Machtungleichgewichte, die in helfenden Beziehungen lauern. Sie erinnert daran, dass wahre Veränderung nicht verordnet, sondern gemeinsam erkundet wird, im Wissen darum, dass die tiefsten Einsichten immer aus dem System selbst kommen.

2.3 Systemisches Bewusstsein: Im Zusammenspiel der Beziehungen

Die Vorstellung, dass Menschen isolierte Individuen seien, die unabhängig von ihrem Umfeld handeln, erweist sich in der systemischen Perspektive als Illusion. Jeder Mensch ist eingebettet in ein Geflecht aus Beziehungen, sei es die Familie, der Freundeskreis, die Arbeitswelt oder kulturelle Gemeinschaften, die sein Denken, Fühlen und Handeln kontinuierlich prägen. Diese Systeme sind keine statischen Container, sondern lebendige Organismen, die durch fortwährende Interaktionen entstehen und sich transformieren (vgl. Schlippe, El Hachimi, Jürgens, Özdemir, Bade, 2022, S. 28; Bauer, 2024, S. 32). Ein Kind, das in einer von Harmoniestreben geprägten Familie aufwächst, lernt möglicherweise, Konflikte zu vermeiden, während ein Mitarbeiter in einem kompetitiv ausgerichteten Unternehmen seine Fähigkeit zur Durchsetzung schärft. Doch diese Anpassung ist keine Einbahnstraße: Indem das Individuum auf das System reagiert, verändert es gleichzeitig dessen Regeln und Dynamiken. Ein Tanz aus Aktion und Reaktion, der Identitäten formt und neu justiert.

Ein Beispiel verdeutlicht diese Wechselwirkung: In einer multigenerationellen Familie, in der die Großeltern eine zentrale Entscheidungsrolle einnehmen, kann ein Jugendlicher, der nach Autonomie strebt, durch rebellisches Verhalten unbewusst die latenten Machtkämpfe zwischen den Generationen offenlegen. Sein "Aufbegehren" ist nicht allein Ausdruck individueller Pubertät, sondern ein Symptom systemischer Spannungen. Gleichzeitig provoziert sein Handeln

Reaktionen, vielleicht eine strengere Kontrolle der Eltern oder eine vermehrte Solidarisierung der Geschwister, die das System in eine neue Balance zwingen. Hier zeigt sich: Entwicklung geschieht nie im luftleeren Raum, sondern immer im Resonanzfeld der Beziehungen, die uns umgeben.

Systeme entwickeln dabei eine Eigendynamik, die oft schwer zu durchschauen ist. Rituale, ungeschriebene Gesetze oder "familiäre Mythen" (wie etwa „Wir sind die Familie, die immer zusammenhält") wirken wie unsichtbare Skripte, die das Verhalten der Mitglieder steuern. In Organisationen manifestiert sich dies durch informelle Hierarchien oder Tabuthemen, die offiziellen Strukturen widersprechen können. Ein Berater, der eine Abteilung coacht, mag auf den ersten Blick Kommunikationsprobleme erkennen, während die eigentliche Herausforderung in einer stillschweigenden Absprache liegt, kritische Feedbackkultur zu unterdrücken, um den Schein der Harmonie zu wahren. Erst durch die Analyse der Interaktionsmuster („Wer spricht wann mit wem?", „Welche Themen werden konsequent vermieden?") wird die Logik des Systems entschlüsselbar.

Kultur und Gesellschaft wirken als übergeordnete Systeme, die diese Mikrokosmen zusätzlich prägen. In individualistischen Gesellschaften mag die Betonung auf persönlicher Freiheit Konflikte um Autonomie verstärken, während kollektivistische Kulturen Loyalitätskonflikte begünstigen können. Migranten, die zwischen unterschiedlichen Systemlogiken navigieren, erleben dies besonders intensiv: Die Erwartungen der Herkunftsfamilie kollidieren mit den Normen der Aufnahmegesellschaft, was zu inneren Zerrissenheiten führen kann, die wiederum neue Anpassungsstrategien hervorbringen, etwa die Entwicklung hybrider Identitäten oder die Schaffung "privater Codes" innerhalb der Familie.

Das systemische Bewusstsein fordert dazu auf, den Menschen nie als isoliertes Phänomen, sondern als Knotenpunkt in einem Netz sich überlagernder Beziehungsgeflechte zu begreifen. Veränderung entsteht nicht durch die "Reparatur" des Einzelnen, sondern durch das Verständnis der Melodie, zu der das gesamte System tanzt und die behutsame Komposition neuer Harmonien.

2.4 Die Wechselwirkung im Fokus

Die Vorstellung linearer Ursache-Wirkungs-Ketten (A führt zu B, B zu C) zerbricht in der systemischen Perspektive an der Realität vernetzter Systeme. Zirkularität beschreibt ein universelles Prinzip, bei dem Handlungen, Emotionen und Kommunikationen nicht in geraden Linien verlaufen, sondern sich in endlosen Feedbackschleifen verstärken, abschwächen oder transformieren (Neuberger, Lenz, Seidler, 2002, S. 34; Palazzoli, Boscolo, Cecchin, Prata, 1975, 1981). Ein Vater, der aus Sorge um seine Tochter deren Freizeit kontrolliert, mag unbeabsichtigt deren Rebellionsdrang schüren. Ihre Rebellion wiederum nährt seine Angst, was die Kontrolle weiter intensiviert. Ein Teufelskreis, in dem "Ursache" und "Wirkung" ihre Rollen fortwährend tauschen. Diese Wechselwirkungen sind keine Ausnahme, sondern die Regel: Jedes Verhalten ist zugleich Auslöser und Reaktion, jedes Wort prägt den Kontext, der es hervorgebracht hat.

In Organisationen zeigt sich dies an scheinbar trivialen Dynamiken: Eine Führungskraft, die aus Effizienzgründen Entscheidungen zentralisiert, untergräbt damit die Eigeninitiative der Mitarbeitenden. Die daraus resultierende Passivität interpretiert sie als Bestätigung ihrer Annahme, dass „hier niemand Verantwortung übernimmt" und verschärft die Kontrolle weiter. Das System erstickt in einer selbsterfüllenden Prophezeiung, die nur durchbrochen werden kann, wenn die Zirkularität der Interaktionen erkannt und gezielt unterbrochen wird. Dies erfordert eine radikale Umdeutung: Vom "Problem der Mitarbeitenden" hin zur "Wirkung der Führungslogik".

64

Selbst vermeintlich stabile Systeme wie ökologische Netzwerke offenbaren diese Vernetzung. Das Aussterben einer einzigen Insektenart kann die Bestäubung von Pflanzen gefährden, was die Nahrungsgrundlage von Tieren reduziert, was wiederum die Existenz von Jägern bedroht. Eine Kaskade, die letztlich zum Menschen zurückkehrt. In sozialen Systemen ist diese Rückkopplung weniger sichtbar, aber ebenso mächtig: Ein abfälliger Kommentar in einem Teammeeting kann eine Kultur des Misstrauens säen, die Monate später in einer Kündigungswelle gipfelt. Die Kunst besteht darin, diese unsichtbaren Verbindungen sichtbar zu machen, etwa durch die Rekonstruktion von Interaktionsmustern („Wer reagiert wie auf wen, wenn Thema X auf den Tisch kommt?") oder die Analyse von Eskalationsstufen („Was war der erste Schritt, der die jetzige Situation ermöglichte?").

Kulturelle Prägungen verstärken oder mildern Zirkularität. In individualistischen Gesellschaften mögen Konflikte schneller personalisiert werden („Sie sind schuld!"), während kollektivistische Kontexte eher systemische Erklärungen suchen („Unsere Vorfahren haben dies immer so gehandhabt"). Doch unabhängig vom kulturellen Rahmen gilt: Die lineare Suche nach "Schuldigen" verkennt, dass jedes Verhalten in einem Netz aus Voraussetzungen und Folgen verwoben ist. Ein Jugendlicher, der die Schule verweigert, ist nicht einfach "faul". Er reagiert auf elterliche Überforderung, schulischen Leistungsdruck und peer-bedingte Identitätskonflikte, die wiederum aus gesellschaftlichen Normen erwachsen.

Die scheinbare Einfachheit des Prinzips „Alles hängt mit allem zusammen" entpuppt sich in der Praxis als komplexes Puzzle. Denn Zirkularität bedeutet nicht, dass alles gleichzeitig geändert werden muss. Oft genügt es, einen einzigen Hebelpunkt zu identifizieren, an dem eine kleine Intervention große Wellen schlagen kann. In der Familientherapie könnte dies die Einführung eines wöchentlichen "Nicht-Problem-Gesprächs" sein, das die Aufmerksamkeit von der Defizitfixierung auf gemeinsame Ressourcen lenkt. In Unternehmen mag die Änderung einer einzigen Meeting-Regel (z. B. „Jede Kritik muss mit einem Lösungsvorschlag verbunden werden") die gesamte Kommunikationskultur transformieren.

Doch diese Hebelpunkte zu finden, erfordert Demut. Sie entziehen sich standardisierten Methoden und verlangen stattdessen eine Haltung des Fragens, Zuhörens und Experimentierens. Es ist ein Dialog mit dem System, bei dem der Berater nicht als allwissende Instanz, sondern als neugieriger Kartograf agiert, der gemeinsam mit den Beteiligten die Landkarte der Wechselwirkungen erkundet und dabei stets bereit ist, die eigenen Hypothesen zu verwerfen, wenn die Dynamik des Systems neue Pflege verlangt.

2.5 Strukturdeterminismus: Die Grenzen der Einflussnahme

Jedes soziale System folgt seinen eigenen Regeln, Mustern und Strukturen. Egal ob Familie, Unternehmen oder Gesellschaft, sie alle haben eine innere Logik, die ihr Verhalten bestimmt. Dieses Prinzip wird in der Systemtheorie als Strukturdeterminismus bezeichnet (Neuberger, Lenz, Seidler, 2002, S. 20ff). Es besagt, dass ein System nicht direkt von außen gesteuert oder verändert werden kann, sondern ausschließlich in dem Rahmen reagiert, den seine eigene Struktur vorgibt.

Ein einfaches Beispiel ist der menschliche Körper: Wird ein Medikament eingenommen, kann es nur innerhalb der biologischen Grenzen des Organismus wirken. Es verändert den Körper nicht grundlegend, sondern beeinflusst ihn auf eine Weise, die mit seinen physiologischen Prozessen vereinbar ist. Ebenso verhält es sich mit sozialen Systemen. Von außen können Impulse gesetzt werden, doch ob und wie diese aufgenommen werden, hängt von der inneren Struktur des Systems ab.

In Beratungskontexten erleben Fachkräfte oft den Wunsch, Menschen direkt zu verändern: Ein Elternteil möchte, dass sein Kind gehorsamer wird, ein Unternehmen erwartet von seinen Mitarbeitenden mehr Motivation, eine Regierung versucht, gesellschaftliche Werte durch Gesetze zu steuern. All diese Bemühungen stoßen jedoch auf eine fundamentale Grenze: Systeme lassen sich nicht gezielt von außen umgestalten.

„Als strukturdeterminierte Systeme sind wir von außen prinzipiell nicht gezielt beeinflussbar, sondern reagieren immer im Sinne der eigenen Struktur" (Maturana, 2001, S. 18ff; h.z.n. Neuberger, Lenz, Seidler, 2002, S. 22). Diese Erkenntnis hat weitreichende Konsequenzen für die systemische Beratung und Therapie. Ein Berater kann keine Lösungen vorgeben oder gewünschte Verhaltensweisen "implementieren". Er kann lediglich Anreize setzen, die das System möglicherweise in eine neue Richtung lenken. Vorausgesetzt, es gibt innerhalb des Systems die Bereitschaft, diese Impulse aufzugreifen.

Wenn Systeme sich nicht von außen direkt steuern lassen, stellt sich die Frage: Wie entsteht dann Veränderung? Der Schlüssel liegt in der Selbstorganisation. Systeme sind fähig, sich selbst zu entwickeln, wenn sie mit passenden Impulsen konfrontiert werden. Diese Impulse können zum Beispiel neue Informationen, veränderte Rahmenbedingungen oder Perspektivwechsel sein.

Ein Beispiel aus der Familientherapie: Eltern, die ihr Kind autoritärer erziehen wollen, könnten auf Widerstand stoßen, wenn sie einfach härtere Regeln durchsetzen. Die innere Struktur der Familie sieht möglicherweise andere Formen der Interaktion vor, etwa eine eher gleichberechtigte Kommunikation. Statt direkt Kontrolle auszuüben, könnte ein Berater die Eltern dazu anregen, ihre eigene Rolle im Familiensystem zu reflektieren. Dadurch kann das System aus sich selbst heraus neue Handlungsmöglichkeiten entwickeln.

Ähnlich funktioniert es in Unternehmen oder gesellschaftlichen Gruppen. Eine Organisation kann durch neue Führungspersönlichkeiten oder geänderte wirtschaftliche Bedingungen neue Impulse erhalten, aber die Art und Weise, wie sie darauf reagiert, ist durch ihre bestehende Struktur vorgegeben. Ein hierarchisches Unternehmen wird auf Krisen anders reagieren als eine flache, partizipative Organisation.

Die Anerkennung des Strukturdeterminismus erfordert ein Umdenken in vielen Bereichen der zwischenmenschlichen und gesellschaftlichen Interaktion. Statt zu versuchen, Menschen oder Gruppen direkt zu verändern, sollten Berater, Pädagogen und Führungskräfte verstehen, dass Veränderung nur im Rahmen der vorhandenen Strukturen möglich ist.

Dies bedeutet:

- Veränderungsimpulse müssen an bestehende Muster anknüpfen, statt sie zu brechen.

- Menschen reagieren nicht auf Befehle oder Manipulation, sondern auf sinnvolle neue Perspektiven.

- Beratung und Therapie sind nicht dazu da, Lösungen von außen vorzugeben, sondern Prozesse zu begleiten, die das System selbst entwickelt.

Diese Erkenntnisse helfen nicht nur in der systemischen Arbeit, sondern auch im persönlichen Leben. Wer andere Menschen verändern möchte, sei es in der Familie, im Beruf oder in sozialen Kontexten, sollte sich bewusst machen, dass nachhaltige Veränderungen nur dann stattfinden, wenn das System bereit ist, sie aus sich selbst heraus zu entwickeln.

2.6 Beobachten: Die Macht der Unterscheidung

Beobachten ist keine neutrale Tätigkeit, sondern ein aktiver Prozess der Unterscheidung (Neuberger, Lenz, Seidler, 2002, S. 26ff). Wer etwas erkennt, trennt es von allem anderen und gibt ihm eine Bedeutung. Menschen nehmen ihre Umwelt nicht einfach objektiv wahr, sondern interpretieren sie durch den Filter ihrer eigenen Erfahrungen, Überzeugungen und kulturellen Prägungen. Eine Beobachtung ist immer selektiv, weil sie sich auf einen bestimmten Ausschnitt der Realität konzentriert und andere Aspekte ausblendet.

Wenn ein Berater mit einer Familie arbeitet, nimmt er nicht einfach nur wahr, was geschieht, sondern er trifft fortwährend Entscheidungen darüber, worauf er seine Aufmerksamkeit richtet. Konzentriert er sich auf die Konflikte zwischen Eltern und Kindern oder auf deren gelungene Momente des Zusammenhalts? Sieht er in einer schweigenden Mutter ein Zeichen von Unterdrückung oder von Besonnenheit? Diese Unterscheidungen sind nicht zufällig, sondern beruhen auf seinen Annahmen darüber, wie Menschen funktionieren und was in einer bestimmten Situation relevant ist.

Das gleiche Prinzip gilt für die Menschen, die beraten werden. Ein Klient, der sich selbst als gescheitert betrachtet, nimmt in seiner Umwelt vor allem Hinweise wahr, die diese Überzeugung bestätigen. Ein anderer, der an seine eigenen Fähigkeiten glaubt, wird dieselbe Situation völlig anders deuten. Beide beobachten selektiv und konstruieren dadurch ihre jeweilige Realität. Die Art der Unterscheidungen, die jemand trifft, bestimmt, was für ihn überhaupt existiert.

In der systemischen Beratung geht es darum, sich dieser Prozesse bewusst zu werden. Wer versteht, dass jede Bezeichnung eine Unterscheidung voraussetzt, kann beginnen, alternative Perspektiven zu entwickeln. Ein Konflikt kann als Problem oder als Möglichkeit zur Klärung betrachtet werden, ein vermeintliches Defizit als ungenutzte Ressource. Sobald Menschen erkennen, dass sie ihre Welt nicht einfach nur wahrnehmen, sondern sie durch ihre Unterscheidungen mitgestalten, gewinnen sie Handlungsspielraum.

Beobachten bedeutet nicht nur, eine äußere Realität zu erfassen, sondern auch eine innere Ordnung zu schaffen. Die Begriffe, mit denen jemand seine Welt beschreibt, beeinflussen seine Emotionen und Reaktionen. Wer sich als "gescheitert" bezeichnet, erlebt andere Gefühle als jemand, der sich als "in einer schwierigen Phase" sieht. Sprache strukturiert Wahrnehmung. Deshalb können kleine Veränderungen in der Wortwahl große Auswirkungen haben.

Ein systemischer Berater hilft seinen Klienten, ihre eigenen Unterscheidungen zu reflektieren und zu hinterfragen. Was ist das Problem und was ist möglicherweise gar kein Problem, sondern eine Chance? Wo gibt es bereits Ressourcen, die bisher übersehen wurden? Welche anderen Möglichkeiten gibt es, eine Situation zu betrachten? Solche Fragen eröffnen neue Perspektiven und ermöglichen es, alternative Realitäten hervorzubringen.

Menschen sind nicht Opfer der Realität, sondern aktive Gestalter ihrer Wahrnehmung. Wer versteht, dass seine Sicht auf die Welt nicht die einzige mögliche ist, kann beginnen, neue Wege zu entdecken. In der systemischen Arbeit bedeutet das, aus festgefahrenen Mustern auszubrechen und neue Möglichkeiten des Denkens und Handelns zu entwickeln. Beobachten ist daher kein passiver Akt, sondern der erste Schritt zur Veränderung.

2.7 Narrative: Die Prämissen des Denkens

Jedes Denken beruht auf Prämissen, oft unausgesprochenen Annahmen, die bestimmen, wie Menschen die Welt ordnen und interpretieren. Diese Prämissen sind tief in den kulturellen, gesellschaftlichen und persönlichen Erfahrungen eines Menschen verwurzelt und bilden die Grundlage für die Kategorien, mit denen er denkt. Die Kategorien wiederum formen die Narrative (Neuberger, Lenz, Seidler, 2002, S. 29ff), also die Geschichten, mit denen er sich selbst und seine Umwelt versteht.

Narrative sind keine neutralen Beschreibungen der Wirklichkeit, sondern Sinnkonstruktionen. Sie geben Ereignissen Bedeutung, indem sie sie in einen Zusammenhang stellen und ihnen eine Richtung verleihen. Ob jemand sein Leben als eine Abfolge von Niederlagen oder als eine Serie von Herausforderungen und Lernprozessen betrachtet, hängt davon ab, welches Narrativ er seinem Erleben zugrunde legt. Diese Erzählungen beeinflussen, wie Menschen sich selbst sehen, welche Möglichkeiten sie für ihr Handeln wahrnehmen und welche Zukunft sie für sich erwarten.

Die systemische Beratung macht sich dieses Prinzip zunutze, indem sie nicht nur nach Fakten fragt, sondern nach den Geschichten, die Klienten über sich selbst erzählen. Welche Prämissen liegen diesen Erzählungen zugrunde? Sind sie förderlich oder einschränkend? Gibt es alternative Narrative, die hilfreich sein könnten? Indem Berater mit Klienten gemeinsam ihre bisherigen

Geschichten hinterfragen, können sie neue Deutungen ermöglichen.

Ein Mensch, der sich selbst als Versager sieht, baut seine Erzählung meist auf der Prämisse auf, dass Erfolg eine ununterbrochene Kette von Leistungen bedeutet. Doch was, wenn er sein Leben als eine Reise voller Entwicklung betrachtet? Was, wenn Rückschläge nicht als Zeichen des Scheiterns, sondern als notwendige Stationen auf dem Weg zum Wachstum gesehen werden? Die Veränderung der Prämisse führt zu einer neuen Erzählung und mit ihr zu einer neuen Selbstwahrnehmung.

Gesellschaften funktionieren nach denselben Prinzipien. Unterschiedliche Kulturen erzählen unterschiedliche Geschichten darüber, was es bedeutet, erfolgreich, ehrenhaft oder glücklich zu sein. Wer sich dieser kulturellen Narrative nicht bewusst ist, hält sie für objektive Wahrheiten. Doch in Wirklichkeit sind es Konstruktionen, die ebenso wandelbar sind wie persönliche Geschichten.

Systemische Beratung eröffnet die Möglichkeit, sich aus einschränkenden Narrativen zu lösen und neue Perspektiven zu entwickeln. Wer erkennt, dass seine Geschichte nicht festgeschrieben ist, gewinnt Freiheit. Die Art und Weise, wie Menschen über sich selbst denken, beeinflusst ihr Leben und wer seine Geschichte verändern kann, verändert seine Realität.

2.8 Fokusverengung: Die Gefahr der Fixierung

Wenn Menschen sich auf ein Problem fixieren, verengt sich ihr Blickfeld. Sie nehmen nur noch das wahr, was ihr Problem bestätigt, und übersehen Alternativen, Lösungen oder Ressourcen, die ihnen zur Verfügung stehen. Diese psychologische Dynamik wird als Fokusverengung beschrieben (Neuberger, Lenz, Seidler, 2002, S. 38). Wer in einem bestimmten Gedankenmuster gefangen ist, erlebt oft eine Art geistigen Tunnelblick, der es schwer macht, neue Möglichkeiten zu erkennen.

Fokusverengung zeigt sich besonders in belastenden Lebenssituationen. Wer zum Beispiel überzeugt ist, dass er ständig scheitert, wird vor allem Misserfolge wahrnehmen und Erfolge ausblenden oder kleinreden. Ähnlich verhält es sich bei zwischenmenschlichen Konflikten: Wer einmal glaubt, dass eine Person ihm nur schaden will, wird jedes Verhalten dieser Person in dieses Bild einordnen und gegenläufige Signale übersehen. Die Wahrnehmung wird selektiv, und das Problem erscheint übermächtig.

In der systemischen Beratung ist es daher entscheidend, diese Fixierungen zu hinterfragen. Ein Berater wird den Klienten dabei unterstützen, seinen Blickwinkel zu erweitern und neue Aspekte der Situation zu entdecken. Ein bewährtes Mittel ist das systemische Fragen, das die Aufmerksamkeit gezielt auf Ausnahmen, Ressourcen oder alternative Deutungen lenkt (Neuberger, Lenz, Seidler, 2002, S. 84). Was wäre, wenn das Problem morgen verschwunden wäre? Gab es Situationen, in denen es weniger präsent war? Welche Fähigkeiten hat der Klient trotz der Schwierigkeit bewiesen?

Ein weiteres Kennzeichen der Fokusverengung ist das Gefühl der Alternativlosigkeit. Wer denkt, dass es nur eine einzige Lösung gibt, die aber unerreichbar scheint, gerät in eine gedankliche Sackgasse. Die systemische Haltung setzt hier an, indem sie hilft, neue Perspektiven zu eröffnen. Manchmal genügt schon eine kleine Verschiebung des Blickwinkels, um die als unlösbar empfundene Situation in einem neuen Licht zu sehen.

Diese Dynamik lässt sich auch auf gesellschaftlicher Ebene beobachten. So können Kollektive in bestimmte Narrative verfallen, die ihre Sicht auf die Welt verengen. Wenn eine Gesellschaft beispielsweise die Vorstellung verinnerlicht, dass Migration nur Probleme verursacht, wird sie vor allem negative Beispiele wahrnehmen und positive Entwicklungen übersehen. Auch in politischen oder wirtschaftlichen Krisen kann Fokusverengung dazu führen, dass nur noch bestimmte Schuldige oder Bedrohungen gesehen werden, während Lösungsmöglichkeiten in den Hintergrund treten.

Fokusverengung ist ein natürlicher Mechanismus, der oft unbewusst abläuft. Doch wird er erkannt, kann er durchbrochen werden. Die Fähigkeit, den eigenen Blick zu weiten, eröffnet neue Handlungsmöglichkeiten. Probleme erscheinen weniger erdrückend, wenn man sie aus einer anderen Perspektive betrachtet. Systemische Beratung schafft genau diese Räume für neue Sichtweisen, damit Menschen wieder handlungsfähig werden.

2.9 Veränderung: Die Dynamik des Lebens

Veränderung ist eine grundlegende Eigenschaft des Lebens. Kein Zustand bleibt dauerhaft bestehen, denn alles ist in Bewegung und eingebettet in ein Netz aus Wechselwirkungen. Oft neigen Menschen jedoch dazu, bestimmte Situationen oder Eigenschaften als feststehend zu betrachten, als seien sie unveränderlich. Sie sagen: „Ich bin nun mal so" oder „Das wird sich nie ändern." Doch sobald man Verallgemeinerungen hinterfragt, wird deutlich, dass ein Zustand nicht an sich existiert, sondern immer im Kontext von Erfahrungen, Bewertungen und Beziehungen entsteht (Neuberger, Lenz, Seidler, 2002, S. 39).

Das menschliche Erleben ist dynamisch. Emotionen, Gedanken und Verhaltensweisen verändern sich in Abhängigkeit von äußeren Umständen, sozialen Interaktionen und inneren Prozessen. Eine Person, die sich heute als unsicher empfindet, kann sich morgen selbstbewusst fühlen, wenn sie in einer unterstützenden Umgebung auftritt. Ein Kind, das in der Schule still und zurückhaltend wirkt, kann zu Hause lebhaft und gesprächig sein. Diese Veränderungen geschehen oft unbewusst, zeigen aber, dass kein Zustand eine starre Eigenschaft ist, sondern vielmehr eine Momentaufnahme in einem bestimmten Kontext.

Auch in zwischenmenschlichen Beziehungen ist Veränderung allgegenwärtig. Konflikte, die heute unüberwindbar scheinen, können durch eine veränderte Perspektive oder eine neue Erfahrung an Bedeutung verlieren. Ein Partner, der als distanziert wahrgenommen wird, zeigt in einer anderen Situation vielleicht große Fürsorglichkeit. In der systemischen Beratung wird genau mit diesem Prinzip gearbeitet. Es geht nicht darum, Menschen oder Situationen in feste Kategorien einzuordnen, sondern die Dynamik hinter dem Erlebten sichtbar zu machen.

Ein Beispiel hierfür ist die Arbeit mit Familien. Eltern kommen oft mit der Überzeugung, ihr Kind sei "schwierig" oder "problematisch". Doch im Gespräch zeigt sich häufig, dass das Kind in anderen Kontexten ganz anders agiert, vielleicht ist es bei den Großeltern offen und entspannt, während es zu Hause Widerstände zeigt. Solche Beobachtungen sind wertvoll, denn sie zeigen, dass Veränderung nicht nur möglich, sondern bereits vorhanden ist. Die Aufgabe besteht dann darin, die Bedingungen zu verstehen, unter denen erwünschte Verhaltensweisen gefördert werden können.

Auch gesellschaftliche Entwicklungen folgen diesem Prinzip. Gesellschaften verändern sich, Normen und Werte verschieben sich, und was gestern als unvorstellbar galt, kann morgen zur neuen Realität werden. Wer vor fünfzig Jahren behauptet hätte, dass digitale Kommunikation unser gesamtes Leben durchdringen würde, wäre auf Skepsis gestoßen. Doch technologische, soziale und kulturelle Veränderungen sind unausweichlich, weil das Leben selbst in ständiger Bewegung ist.

Das Bewusstsein für Veränderung kann entlastend sein. Wer sich in einem schwierigen Zustand befindet, kann sich vor Augen halten, dass kein Gefühl, keine Krise und keine Herausforderung ewig währt. Veränderung geschieht oft schleichend und ist nicht immer sofort sichtbar. Doch sie ist ein grundlegendes Prinzip des Daseins. In der systemischen Arbeit wird genau diese Dynamik genutzt, um Entwicklung und Wachstum zu ermöglichen. Indem Menschen lernen, sich selbst und ihre Umgebung nicht als statisch, sondern als wandelbar zu begreifen, eröffnen sich neue Möglichkeiten. Veränderungen können bewusst gestaltet werden, wenn man sich für die dahinterliegenden Prozesse öffnet.

2.10 Ressourcen: Der Schlüssel zur Veränderung

Veränderung ist oft mit Herausforderungen verbunden, doch sie gelingt leichter, wenn Menschen sich ihrer Ressourcen bewusst werden. Ressourcen sind die individuellen Stärken, Fähigkeiten und unterstützenden Faktoren, die in schwierigen Zeiten Orientierung und Halt geben (Neuberger, Lenz, Seidler, 2002, S. 43). Sie können sowohl in der Person selbst liegen, etwa in Form von Talenten, Erfahrungen oder Überzeugungen, als auch in ihrem sozialen Umfeld, etwa durch Familie, Freunde oder unterstützende Gemeinschaften.

Oft nehmen Menschen ihre eigenen Ressourcen nicht bewusst wahr. Wer in einer Krise steckt, fokussiert sich häufig auf Defizite und Probleme, während bereits vorhandene Stärken übersehen werden. Ein zentraler Aspekt systemischer Beratung ist es daher, den Blick auf das zu lenken, was bereits funktioniert. Statt nur über Defizite zu sprechen, werden Fragen gestellt wie: „Wann ist Ihnen eine ähnliche Herausforderung schon einmal gelungen?" oder „Welche Menschen oder inneren Kräfte haben Ihnen dabei geholfen?" Solche Fragen helfen dabei, ungenutzte Potenziale zu entdecken und Selbstwirksamkeit zu stärken.

Ein anschauliches Beispiel sind Menschen, die in neuen Lebensumständen zurechtkommen müssen, etwa nach einer Migration oder einem beruflichen Wechsel. Anstatt sich auf das zu konzentrieren, was fehlt (z. B. Sprachkenntnisse, Netzwerke, Sicherheit), kann die Perspektive auf vorhandene Ressourcen gelenkt werden. Vielleicht bringt die Person eine hohe

Anpassungsfähigkeit mit, hat bereits schwierige Situationen gemeistert oder besitzt kreative Lösungsstrategien. Diese Ressourcen können gezielt genutzt werden, um den nächsten Schritt zu erleichtern.

Auch in Familienkonflikten zeigt sich, wie wichtig der Fokus auf Ressourcen ist. Eltern, die sich mit ihrem Kind in einer belastenden Phase befinden, neigen dazu, das Problem in den Vordergrund zu stellen: „Mein Kind hört nie zu." Doch in der systemischen Arbeit wird gefragt: „Wann gibt es Momente, in denen Ihr Kind doch zuhört?" oder „In welchen Situationen erleben Sie Ihr Kind als kooperativ?" Indem solche positiven Ausnahmen erkannt und verstärkt werden, kann eine nachhaltige Veränderung angestoßen werden.

Neben individuellen und sozialen Ressourcen spielen auch kulturelle und spirituelle Ressourcen eine große Rolle. Für viele Menschen geben Werte, Traditionen oder ein religiöses Weltbild Orientierung und Halt. Die Überzeugung, dass Herausforderungen einen Sinn haben oder dass man aus ihnen gestärkt hervorgehen kann, schafft innere Stabilität. Diese Form von Ressource wird oft unterschätzt, kann aber in Krisenzeiten enorm unterstützend wirken.

Ressourcen sind nicht nur in großen Lebensfragen relevant, sondern auch im Alltag. Menschen, die sich bewusst mit ihren Stärken auseinandersetzen, können Herausforderungen gelassener begegnen und kreative Lösungen finden. Wer weiß, dass er in schwierigen Situationen auf Humor, Durchhaltevermögen oder ein starkes soziales Netzwerk zurückgreifen kann, fühlt sich weniger ausgeliefert.

Das systemische Denken betrachtet Ressourcen als Schlüssel zur Veränderung. Jeder Mensch trägt bereits die Grundlagen für seine Entwicklung in sich. Die Aufgabe der Beratung ist es, diese sichtbar zu machen und sie gezielt einzusetzen. Veränderung wird nicht durch das Bekämpfen von Problemen erreicht, sondern durch die bewusste Nutzung und Stärkung der vorhandenen Ressourcen. Indem Menschen lernen, auf ihre eigenen Stärken zu vertrauen, gewinnen sie die Zuversicht, ihr Leben aktiv zu gestalten und Veränderungen erfolgreich zu meistern.

2.11 Umdeutung: Der Perspektivwechsel

Die Art und Weise, wie wir Ereignisse interpretieren, bestimmt maßgeblich unsere emotionalen Reaktionen und unser Verhalten (Şahinöz, 2024a). In der systemischen Beratung spielt die Umdeutung eine zentrale Rolle, um festgefahrene Denkmuster zu durchbrechen und neue Perspektiven zu eröffnen. Wenn Menschen ihre Realität nicht als absolute Wahrheit, sondern als Ergebnis ihrer eigenen Wahrnehmung verstehen, wird deutlich, dass ein Perspektivwechsel die Bedeutung eines Ereignisses radikal verändern kann.

Ein klassisches Beispiel aus der systemischen Praxis ist die Wahrnehmung von Konflikten. Ein Klient, der sein lautes und impulsives Kind als "unerträglich" empfindet, könnte durch gezielte Fragen dazu gebracht werden, dessen Verhalten aus einer anderen Perspektive zu betrachten. Statt "unerträglich" könnte das Kind auch als "lebhaft" oder "ausdrucksstark" beschrieben werden. Die Tatsachen bleiben unverändert, doch der veränderte Blickwinkel kann dazu führen, dass der Klient sich weniger frustriert fühlt und sein Kind in einem neuen Licht sieht.

Umdeutung ist auch in der Paarberatung ein kraftvolles Werkzeug. Ein Partner, der sich darüber beklagt, dass der andere ihn ständig kontrolliert, könnte durch einen Perspektivwechsel erkennen, dass dieses Verhalten vielleicht aus Sorge oder einem starken Bedürfnis nach Nähe resultiert. Ein Chef, der seinen Mitarbeiter als "rebellisch" ansieht, könnte stattdessen erkennen, dass

84

dieser möglicherweise kreative Lösungsansätze hat und sich nach mehr Eigenverantwortung sehnt.

Ein bekanntes Beispiel aus der Geschichte verdeutlicht, wie Umdeutung unser Denken beeinflussen kann. Thomas Edison, der Erfinder der Glühbirne, scheiterte unzählige Male, bevor er eine funktionierende Lösung fand. Doch anstatt seine Fehlschläge als Scheitern zu betrachten, sah er sie als Lernprozess und sagte: „Ich habe nicht versagt. Ich habe nur 10.000 Wege gefunden, die nicht funktionieren." Diese Perspektive veränderte nicht die Realität, aber sie verlieh ihr eine andere Bedeutung und schuf Raum für Durchhaltevermögen und Innovation.

In der Beratung wird Umdeutung oft durch gezielte Fragen angeregt. Wenn jemand sich als "schwach" beschreibt, könnte die Frage lauten: „Könnte es sein, dass Sie besonders feinfühlig sind?" Oder wenn ein Klient sagt: „Ich bin immer viel zu perfektionistisch", könnte man fragen: „Könnte es sein, dass Sie einfach sehr gewissenhaft und detailorientiert sind?" Diese Technik hilft nicht nur, belastende Selbstbilder zu hinterfragen, sondern eröffnet auch neue Handlungsmöglichkeiten. Wer sich selbst als unfähig betrachtet, wird möglicherweise gar nicht erst versuchen, eine Herausforderung anzugehen. Wer sich jedoch als lernend und wachsend betrachtet, wird eher bereit sein, neue Schritte zu wagen.

Letztendlich geht es bei der Umdeutung nicht darum, die Realität zu verleugnen, sondern darum, sie aus einer anderen Perspektive zu betrachten. Die Welt bleibt dieselbe, aber der Sinn, den wir ihr geben, kann sich durch eine veränderte Sichtweise vollkommen wandeln.

2.12 Genogramme: Die Familiengeschichte sichtbar machen

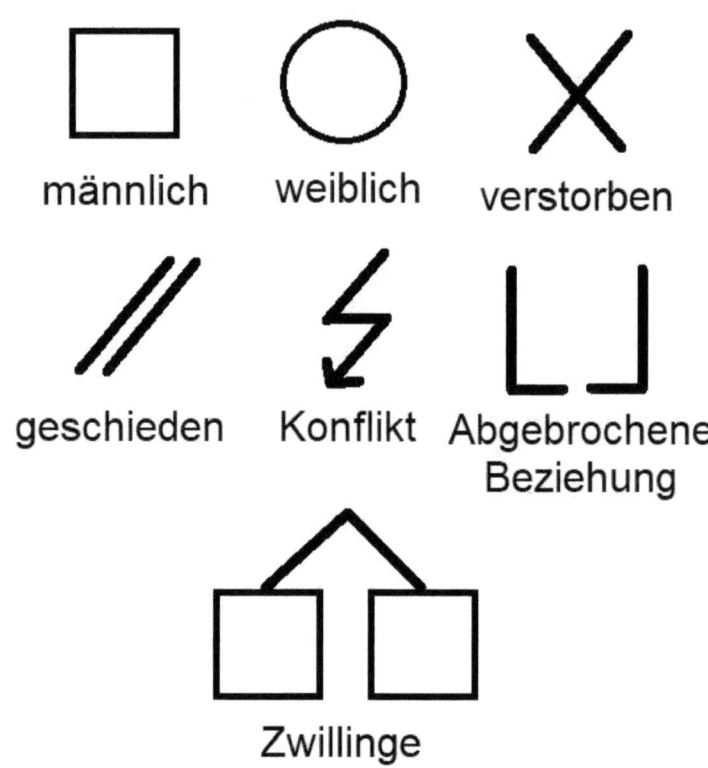

Im Kontext der systemischen Beratung ist ein Genogramm kein herkömmlicher Familienstammbaum. Es ist ein visuelles Werkzeug, das nicht nur familiäre Verbindungen aufzeigt, sondern auch emotionale Dynamiken, generationsübergreifende Muster und wiederkehrende Themen innerhalb einer Familie sichtbar macht. In der systemischen Beratung ist das Genogramm ein unverzichtbares Instrument (Neuberger, Lenz, Seidler, 2002, S. 81ff), um Zusammenhänge zu erkennen, die auf den ersten Blick verborgen bleiben.

Beim Erstellen eines Genogramms werden nicht nur Namen, Geburts- und Sterbedaten oder verwandtschaftliche Beziehungen festgehalten. Vielmehr geht es darum, tiefere Einblicke in die emotionale und psychologische Struktur eines Familiensystems zu gewinnen. Beispielsweise kann es helfen, generationsübergreifende Verhaltensweisen wie Konfliktmuster, wiederkehrende Lebenskrisen oder bestimmte Kommunikationsstile aufzudecken.

Ein Klient, der unter starkem Leistungsdruck leidet, könnte durch die Analyse seines Genogramms feststellen, dass dieser Druck bereits über mehrere Generationen hinweg weitergegeben wurde. Vielleicht wurde die Großmutter streng erzogen, ihre Kinder wiederum mit hohen Erwartungen konfrontiert, und nun empfindet der Klient denselben Druck, ohne sich bewusst zu sein, woher dieses Gefühl stammt. Durch diese Erkenntnis kann er beginnen, sich von unbewussten familiären Mustern zu lösen und neue, selbstbestimmte Wege zu gehen.

Genogramme können auch Aufschluss über wiederkehrende Konflikte oder Beziehungsmuster geben. Beispielsweise könnte ein Berater feststellen, dass über mehrere Generationen hinweg Männer in einer Familie Schwierigkeiten hatten, emotionale Nähe zu zeigen. Das Wissen darum ermöglicht es dem Klienten, bewusst neue Wege im Umgang mit Emotionen und Beziehungen einzuschlagen.

Besonders in der interkulturellen Beratung spielen Genogramme eine wichtige Rolle. Migration, kulturelle Identität und generationsübergreifende Prägungen beeinflussen das Leben vieler Familien maßgeblich. Ein Genogramm kann verdeutlichen, welche Werte und Normen von einer Generation zur nächsten weitergegeben wurden und wo es möglicherweise zu Spannungen zwischen traditionellen und modernen Lebensweisen kommt.

Neben der reinen Analyse bietet das Genogramm auch die Möglichkeit, Veränderungen zu initiieren. Wenn ein Klient erkennt, dass bestimmte Muster aus der Vergangenheit nicht mehr dienlich sind, kann er bewusst daran arbeiten, diese zu durchbrechen. Ein Familienvater, der feststellt, dass in seiner Familie Konflikte immer durch Schweigen gelöst wurden, könnte sich bewusst entscheiden, eine offenere Kommunikation mit seinen eigenen Kindern zu pflegen.

Das Genogramm ist somit ein wichtiges Instrument, um die eigene Familiengeschichte zu verstehen und aus ihr zu lernen. Es eröffnet die Möglichkeit, Vergangenes zu reflektieren, bestehende Muster zu hinterfragen und neue Wege für die Zukunft zu gestalten. Es zeigt, dass wir zwar von unserer Herkunft geprägt sind, aber nicht an sie gebunden bleiben müssen.

2.13 Externalisierung: Die Trennung von Person und Problem

Externalisierung ist eine zentrale Technik in der systemischen Beratung, die darauf abzielt, Probleme von der Person zu trennen (Neuberger, Lenz, Seidler, 2002, S. 85). Anstatt ein Problem als fest mit der Identität eines Menschen verknüpft zu betrachten, wird es als eigenständige, externe Herausforderung betrachtet. Dieser Perspektivwechsel ermöglicht es den Klienten, eine neue Haltung gegenüber ihren Schwierigkeiten einzunehmen und mehr Kontrolle über ihre eigene Situation zu gewinnen.

Wenn jemand beispielsweise sagt: „Ich bin ein ängstlicher Mensch", wird die Angst als Teil der eigenen Identität betrachtet. Durch Externalisierung könnte dieser Satz in „Die Angst taucht manchmal in meinem Leben auf" umformuliert werden. Dadurch wird die Angst nicht mehr als fester Bestandteil der Persönlichkeit wahrgenommen, sondern als etwas, das kommt und geht und somit beeinflusst werden kann.

Diese Technik hilft besonders in der Arbeit mit Menschen, die sich von ihren Problemen überwältigt oder definiert fühlen. Sie kann etwa in der Arbeit mit Depressionen, Ängsten oder negativen Selbstbildern eingesetzt werden. Ein Jugendlicher, der sich als "Versager" sieht, könnte durch Externalisierung erkennen, dass es nicht er selbst ist, der versagt, sondern dass bestimmte Denkmuster oder äußere Umstände ihm dieses Gefühl geben. Anstatt sich mit diesem negativen Bild zu identifizieren, kann er lernen, es zu hinterfragen und sich davon zu distanzieren.

Besonders wirkungsvoll ist die Externalisierung auch bei Kindern. Wenn ein Kind Schwierigkeiten hat, sich zu konzentrieren, könnte es sagen: „Ich bin dumm." Ein Berater könnte dies umformulieren in: „Manchmal kommt die Unruhe und macht es dir schwer, dich zu konzentrieren." Durch diese Trennung wird das Problem nicht als Teil der eigenen Identität betrachtet, sondern als etwas, das verändert oder beeinflusst werden kann.

In der interkulturellen Beratung spielt Externalisierung ebenfalls eine wichtige Rolle. Migrantenkinder, die sich in einer neuen Gesellschaft nicht zugehörig fühlen, könnten ihre Unsicherheiten als persönliches Versagen empfinden. Doch wenn diese Gefühle als äußere Einflüsse betrachtet werden, etwa als „die Unsicherheit, die kommt, wenn man in einem neuen Land ist", wird deutlich, dass diese Schwierigkeiten nicht unveränderlich sind. Externalisierung ermöglicht es, Probleme auf eine neue Art zu betrachten und mit ihnen in einen Dialog zu treten. Manche Therapeuten gehen sogar so weit, den Problemen Namen zu geben oder sie als eigenständige Figuren darzustellen. So könnte die "Prüfungsangst" zu einem "kleinen Drachen" werden, der immer wieder auftaucht, aber gezähmt werden kann. Diese Technik eröffnet den Klienten neue Handlungsmöglichkeiten, weil sie sich nicht mehr als Opfer ihres Problems fühlen. Stattdessen gewinnen sie die Erkenntnis, dass sie mit ihrem Problem arbeiten können, es verstehen lernen und schließlich Wege finden, um es zu bewältigen. Die Trennung zwischen Person und Problem schafft damit eine Grundlage für Veränderung, Selbstwirksamkeit und persönliches Wachstum.

2.14 Lösungsfokussierung: Der Blick nach vorn

Lösungsfokussierung ist ein zentraler Ansatz in der systemischen Beratung, der sich nicht auf die Analyse von Problemen, sondern auf die Entwicklung von Lösungen konzentriert. Anstatt lange über die Ursachen von Schwierigkeiten zu sprechen, richtet sich der Blick gezielt auf mögliche Auswege und bereits vorhandene Ressourcen. Dieser Perspektivwechsel ermöglicht es den Klienten, sich auf das zu konzentrieren, was funktioniert, anstatt sich in dem zu verlieren, was nicht funktioniert.

Eine lösungsfokussierte Haltung bedeutet, dass Probleme nicht als unüberwindbare Hindernisse betrachtet werden, sondern als Herausforderungen, für die es bereits erste Lösungsansätze geben könnte. Die Grundannahme dabei ist, dass jeder Mensch bereits über Ressourcen und Fähigkeiten verfügt, um mit seinen Schwierigkeiten umzugehen, oft müssen diese nur bewusst gemacht und aktiviert werden.

Ein klassisches Beispiel aus der Beratungspraxis ist die Frage: „Gab es bereits eine Situation, in der das Problem weniger stark war oder gar nicht vorhanden war?" Diese Frage lenkt die Aufmerksamkeit auf vergangene Erfolge und zeigt auf, dass Veränderungen möglich sind. Wenn jemand mit sozialer Angst kämpft, könnte er sich erinnern, dass es durchaus Momente gab, in denen er sich wohlgefühlt und frei gesprochen hat. Solche Erinnerungen dienen als Grundlage, um zu erkennen, welche Bedingungen damals gegeben waren und wie sie sich auf die Gegenwart übertragen lassen.

Eine weitere Technik ist die bereits erwähnte "Wunderfrage": „Stellen Sie sich vor, über Nacht geschieht ein Wunder, und Ihr Problem ist gelöst. Woran würden Sie es am nächsten Tag als Erstes merken?" Diese Frage zwingt die Klienten dazu, sich eine Zukunft ohne das Problem konkret vorzustellen. Dadurch wird das Ziel greifbarer, und die ersten Schritte in Richtung Lösung werden klarer.

Lösungsfokussierung unterscheidet sich grundlegend von problemorientierten Ansätzen, die oft die Vergangenheit analysieren (Şahinöz, 2025a), um die Ursachen von Schwierigkeiten zu verstehen. Statt sich mit den Gründen für ein Problem zu beschäftigen, geht es darum, zu erkennen, was bereits gut läuft und wie dies ausgebaut werden kann.

Dieser Ansatz ist besonders in der interkulturellen Beratung von Bedeutung, da viele Migrantenfamilien mit Herausforderungen konfrontiert sind, die sie nicht direkt beeinflussen können, etwa strukturelle Diskriminierung oder gesellschaftliche Vorurteile. Eine lösungsfokussierte Perspektive hilft ihnen, sich auf das zu konzentrieren, was sie selbst aktiv verändern können. Wenn eine Familie beispielsweise unter Integrationsproblemen leidet, könnte der Berater gemeinsam mit ihr herausarbeiten, welche Schritte bereits erfolgreich waren und welche neuen Möglichkeiten sich daraus ergeben.

Auch in der Arbeit mit Familien ist Lösungsfokussierung eine wertvolle Methode. Eltern, die mit ihrem Kind in einem ständigen Konflikt stehen, neigen dazu, sich auf das negative Verhalten des Kindes zu fixieren. Eine lösungsorientierte Haltung könnte hier bedeuten, dass sie sich bewusst auf Momente konzentrieren, in denen das Zusammenleben gut funktioniert, und herausfinden, was dazu beigetragen hat.

Lösungsfokussierung ist eine Haltung, die Menschen ermutigt, ihre eigene Wirksamkeit zu erkennen und neue Perspektiven zu entwickeln. Indem der Blick auf Stärken und Ressourcen gerichtet wird, anstatt auf Defizite, gewinnen die Klienten das Gefühl, ihr Leben aktiv gestalten zu können. Das stärkt ihr Selbstbewusstsein und gibt ihnen die Motivation, die nächsten Schritte in Richtung einer positiven Veränderung zu gehen.

2.15 Skalierung: Die Messbarkeit von Fortschritt

Skalierungsfragen sind ein wirkungsvolles Werkzeug in der systemischen Beratung, um Fortschritte sichtbar zu machen und Veränderungen greifbar zu gestalten. Sie ermöglichen es den Klienten, subjektive Einschätzungen zu quantifizieren und damit differenzierter zu betrachten (Neuberger, Lenz, Seidler, 2002, S. 74). Dabei wird eine Skala von eins bis zehn genutzt, auf der die Klienten ihr Befinden, ihre Fortschritte oder die Schwere eines Problems einordnen.

Diese Methode hat mehrere Vorteile. Zum einen hilft sie dabei, ein vages Gefühl in eine konkrete Zahl zu übersetzen, was sowohl dem Klienten als auch dem Berater eine klarere Vorstellung der Situation vermittelt. Zum anderen ermöglicht sie eine differenzierte Wahrnehmung von Fortschritt. Anstatt in absoluten Kategorien wie "gut" oder "schlecht" zu denken, wird eine Abstufung möglich: Eine Person, die ihre Lebenszufriedenheit mit einer vier bewertet, kann überlegen, welche Bedingungen dazu beitragen könnten, auf eine fünf oder sechs zu kommen.

Ein klassisches Beispiel aus der Beratung könnte die Frage sein: „Auf einer Skala von 1 bis 10, wie stark belastet Sie Ihr aktuelles Problem?" Diese einfache Frage hilft nicht nur, den Grad des Problems einzuschätzen, sondern öffnet auch die Tür für weitere Reflexionen. Denn die nächste Frage könnte lauten: „Warum haben Sie sich für diese Zahl entschieden und nicht für eine niedrigere?" Dadurch wird der Fokus automatisch auf bereits vorhandene Ressourcen und Stärken gelenkt, die dem Klienten möglicherweise nicht bewusst waren.

Ebenso kann gefragt werden: „Was müsste passieren, damit Sie auf der Skala um eine Stufe nach oben rücken?" Diese Art des Fragens regt die Klienten dazu an, über konkrete Veränderungen nachzudenken und sich erreichbare Ziele zu setzen. Der Berater hilft dabei, diese kleinen Schritte zu identifizieren und sie in die Praxis umzusetzen.

In der interkulturellen Beratung kann die Skalierungstechnik besonders wertvoll sein, da sie sprachliche Hürden überwinden kann. Gerade wenn emotionale oder kulturelle Unterschiede die Kommunikation erschweren, ermöglicht die Skala eine einfache und verständliche Art, Gefühle und Fortschritte auszudrücken. Ein Migrant, der Schwierigkeiten hat, sich in einem neuen Land einzuleben, könnte beispielsweise gefragt werden: „Auf einer Skala von 1 bis 10, wie wohl fühlen Sie sich aktuell in Ihrem neuen Umfeld?" Diese Einschätzung bietet eine Grundlage, um gemeinsam Strategien zu entwickeln, wie das Wohlbefinden gesteigert werden kann.

Auch in der Arbeit mit Familien ist die Skalierung eine hilfreiche Methode. Eltern, die sich über das Verhalten ihres Kindes Sorgen machen, könnten gebeten werden, auf einer Skala einzuschätzen, wie herausfordernd sie die aktuelle Situation empfinden. Diese Einordnung hilft nicht nur, das Problem zu konkretisieren, sondern kann auch verdeutlichen, dass sich die Lage vielleicht gar nicht so drastisch entwickelt hat, wie es subjektiv erscheint.

Ein weiterer Vorteil der Skalierungsmethode ist ihre Fähigkeit, Fortschritte sichtbar zu machen. Menschen neigen dazu, Veränderungen nur dann zu bemerken, wenn sie sehr groß sind. Kleine Erfolge bleiben oft unbeachtet. Durch wiederholtes Anwenden der Skalierungsfragen kann deutlich werden, dass bereits Verbesserungen stattgefunden haben, auch wenn sie zunächst unscheinbar wirken.

Letztendlich ist die Skalierung eine Technik, die hilft, abstrakte Gefühle in konkrete Zahlen zu übersetzen, Veränderungsschritte zu strukturieren und den Klienten eine neue Perspektive auf ihre Situation zu geben. Indem sie erkennen, dass Fortschritt nicht in riesigen Sprüngen erfolgen muss, sondern oft in kleinen, machbaren Schritten, gewinnen sie neue Motivation und Zuversicht für ihren individuellen Veränderungsprozess.

2.16 Stärkung: Die Kraft der Selbstwirksamkeit

Die Stärkung der Selbstwirksamkeit ist kein bloßes Empowerment-Konzept, sondern ein neurosoziologisches Phänomen, das tief in der Wechselwirkung zwischen individueller Agency und systemischer Rückkopplung verwurzelt ist. Selbstwirksamkeit, die Überzeugung einer Person, Herausforderungen durch eigenes Handeln bewältigen zu können, entsteht nicht im isolierten Selbst, sondern im Resonanzraum der Beziehungen, die sie umgeben. Ein Kind, das in einer Familie aufwächst, die ihm zutraut, Konflikte eigenständig zu lösen, entwickelt nicht nur kognitive Lösungsstrategien, sondern ein neuronales Netzwerk, das Handlungsfähigkeit mit emotionaler Sicherheit verknüpft. Diese Verankerung wird zum Fundament, auf dem spätere Lebenskrisen bewältigt werden. Ein psychosozialer Schneeballeffekt, der systemische Beratung zur Neuverkabelung solcher Muster nutzt.

In der Praxis zeigt sich dies, wenn eine Klientin, die sich jahrelang als "Opfer" familiärer Dynamiken sah, durch gezielte Fragen nach vergangenen Ausnahmesituationen („Wann ist es Ihnen gelungen, sich trotz allem Gehör zu verschaffen?") plötzlich verborgene Handlungsspielräume erkennt. Jedes Erinnern an selbstwirksame Momente aktiviert das Belohnungssystem des Gehirns, während gleichzeitig Spiegelneurone die positiven Erfahrungen der Berater-Klient-Interaktion absorbieren, ein biologisch-sozialer Doppeleffekt. Die systemische Kunst liegt darin, diese Mikroerfolge nicht als Einzelereignisse zu belassen, sondern sie in den systemischen Kontext einzubetten: Wie verändert die Klientin dadurch ihre Position im

Familiensystem? Welche neuen Interaktionsmuster entstehen, wenn sie beginnt, Grenzen zu setzen, die ihr früher unmöglich erschienen?

Kulturelle Prägungen modulieren diese Prozesse subtil. In individualistischen Gesellschaften mag Selbstwirksamkeit als persönliche Triumphgeschichte gefeiert werden, während kollektivistische Systeme sie stärker an gruppenbezogene Verantwortung knüpfen. Eine Mutter aus einer bestimmten Kultur, die lernt, ihre Autorität gegenüber den Kindern zu behaupten, stärkt damit nicht nur ihr eigenes Agency-Erleben, sondern rekalibriert gleichzeitig die Erwartungen der erweiterten Familie. Ein Balanceakt zwischen traditionellen Rollenbildern und emanzipatorischem Wandel. Systemische Interventionen müssen hier kulturelle Codes entschlüsseln: Wann ist Selbstwirksamkeit ein Akt der Rebellion, wann ein Beitrag zum Gruppenzusammenhalt?

Organisationen offenbaren ähnliche Dynamiken. Ein Mitarbeiter, der ermutigt wird, eigeninitiativ Prozesse zu optimieren, erfährt nicht nur individuelle Kompetenzerweiterung. Seine Handlungen senden Impulse durch das gesamte Team, vielleicht inspiriert er Kollegen, untergräbt aber gleichzeitig informelle Hierarchien. Die systemische Herausforderung besteht darin, diese Effekte antizipierend zu begleiten, ohne in lineare Steuerungslogiken zu verfallen. Tools wie das "Skalieren von Einflussmöglichkeiten" („Auf einer Skala von 1 bis 10: Wie viel Gestaltungsspielraum nutzen Sie aktuell und was bräuchte es für einen Punkt mehr?") schaffen hier Brücken zwischen subjektivem Erleben und systemischer Vernetzung.

98

Der Clou liegt in der Erkenntnis, dass Selbstwirksamkeit keine stabile Eigenschaft, sondern ein prozesshaftes Geschehen ist. Sie fluktuiert mit den Resonanzen des Umfelds, mal gestärkt durch unterstützende Rückmeldungen, mal geschwächt durch toxische Machtstrukturen. Systemische Beratung zielt daher nie auf die "Herstellung" von Selbstwirksamkeit, sondern auf die Schaffung von Experimentierräumen, in denen Klienten die Wechselwirkung zwischen eigenem Handeln und systemischer Antwort erforschen können. Eine scheinbar simple Hausaufgabe ("Testen Sie bis zum nächsten Mal eine neue Reaktion auf Kritik, egal welches Ergebnis") wird so zum Labor der Selbstwirksamkeit: Schon das Ausbrechen gewohnter Reaktionsmuster, selbst wenn es zunächst "falsch" erscheint, durchbricht die Illusion der Ohnmacht und legt die Schleusen für Veränderung frei.

Die Stärkung der Selbstwirksamkeit ist ein gesellschaftspolitischer Akt. In einer Welt, die Menschen zunehmend als Opfer äußerer Umstände (Pandemien, Klimakrise, ökonomische Unsicherheit) inszeniert, wirkt sie als Gegenmittel zur kollektiven Handlungslähmung. Indem systemische Beratung zeigt, dass selbst in ausweglos erscheinenden Systemen Nischen der Gestaltbarkeit existieren, wird sie zum Katalysator nicht nur individueller, sondern auch sozialer Resilienz. Ein Proof of Concept dafür, dass Agency und Vernetzung keine Gegensätze, sondern zwei Seiten derselben Medaille sind.

2.17 Problemkontexte: Die Bedeutung des Umfelds

Die Entstehung und Aufrechterhaltung von Problemen lassen sich niemals isoliert von ihrem Umfeld begreifen. Sie sind stets eingewoben in ein Geflecht aus räumlichen, zeitlichen und sozialen Kontexten, die ihnen Bedeutung und Wirkmacht verleihen. Aus systemischer Perspektive existieren Probleme nicht als statische Entitäten, sondern als Epiphänomene spezifischer Interaktionsbedingungen. Ein Verhalten, das in einem Kontext als dysfunktional gilt (etwa kindliche Wutausbrüche im Klassenzimmer), kann in anderem Rahmen (beim Sport) zur gefeierten Leidenschaft werden. Diese Kontextabhängigkeit entlarvt die Illusion absoluter Problemdefinitionen und verlangt stattdessen eine Kartografie der Umstände, unter denen Schwierigkeiten gedeihen oder verkümmern.

Kulturelle Prägungen verdeutlichen dies drastisch: Was in einer individualistischen Gesellschaft als "Angststörung" pathologisiert wird, mag in kollektivistischen Gemeinschaften als sensible Antenne für Gruppenharmonie gelten. Ein Jugendlicher, der in einer bestimmten Region als "schüchtern" therapiert würde, könnte in einer anderen Region für seine diskrete Höflichkeit gelobt werden. Die systemische Beratung muss daher stets fragen: Unter welchen soziokulturellen Vorzeichen wird dieses Verhalten zum Problem und für wen? Diese Dekonstruktion entmachtet nicht die subjektive Leidenserfahrung, sondern erweitert den Blick auf die unsichtbaren Regeln, die Leiden erst hervorbringen.

In Familiensystemen zeigen sich Kontexteffekte anhand von Rollenmustern, die nur in bestimmten Konstellationen aktiviert werden. Ein Vater, der im Beruf als entscheidungsstarker Manager agiert, mag in der Familie zum passiven Zuschauer werden, sobald die dominantere Großmutter anwesend ist. Seine vermeintliche "Unfähigkeit zur Erziehung" ist kein Persönlichkeitsmerkmal, sondern ein interaktives Produkt generationsübergreifter Machtdynamiken. Ähnlich verhält es sich in Organisationen: Ein Mitarbeiter, der im Teammeeting schweigt, kann in informellen Kaffeepausen brillante Ideen äußern. Das Problem liegt nicht in seiner Kommunikationsfähigkeit, sondern im strukturellen Rahmen, der Partizipation ermöglicht oder erstickt.

Zeitliche Kontexte spielen eine ebenso entscheidende Rolle. Probleme entfalten ihre Wirkung oft in rhythmischen Zyklen: montagmorgendliche Schulverweigerung, jährlich wiederkehrende Paarkrisen um den Hochzeitstag, nächtliche Angstattacken. Diese Muster verweisen selten auf lineare Ursachen, sondern auf komplexe Rückkopplungen zwischen inneren Uhren (biologische Rhythmen, Trauma-Anniversary-Effekte) und äußeren Taktgebern (Arbeitszeiten, Festtagskalender). Die systemische Intervention zielt hier nicht auf die Beseitigung des Symptoms, sondern auf die Störung des problematischen Rhythmus, etwa durch das Einführen ungewöhnlicher Rituale („Was passiert, wenn wir den Streit diesmal im Park statt am Küchentisch führen?").

Selbst physische Räume wirken als stille Mitspieler. Die beengte Wohnung, die jedes Gespräch zur Konfrontation verdichtet; das sterile Büro, das emotionale Offenheit erstickt; der öffentliche Platz, auf dem sich Machtgefälle materialisieren. All diese Umgebungen schreiben mit am Skript der Probleme. In der Migrationsberatung wird dies besonders deutlich: Ein Familientreffen im "Heimat"-Café der Großeltern aktiviert andere Loyalitäten und Tabus als ein Gespräch im anonymen Beratungszentrum. Der Raum wird zur Bühne, auf der unterschiedliche Identitätsanteile performt werden.

Die Erkenntnis der Kontextgebundenheit revolutioniert die Lösungsfindung. Statt nach universellen Therapieprotokollen zu suchen, gilt es, die Bedingungen zu identifizieren, unter denen das Problem nicht auftritt und diese Ausnahmen gezielt zu kultivieren. Eine depressive Klientin berichtet vielleicht, dass ihre Antriebslosigkeit in der Naturpark-Spaziergang ausnahmsweise schwindet. Dieses Mikrophänomen wird nicht als Flucht vor dem "eigentlichen" Problem abgetan, sondern als Schlüssel zur Neugestaltung des Alltags: Wie lässt sich die heilsame Wirkung des Grüns in den urbanen Lebensraum integrieren? Welche sozialen Interaktionen (etwa gemeinsames Gärtnern) könnten den Park-Effekt verstärken? Die Kontextanalyse entmystifiziert die Macht der Probleme. Sie zeigt, dass scheinbar festgefahrene Muster keine Naturgesetze sind, sondern fragile Gleichgewichte, die von unzähligen Faktoren genährt werden und daher auch veränderbar sind. Diese Einsicht befähigt Systeme, sich nicht als Opfer ihrer Umstände, sondern als Mitgestalter ihrer Kontexte zu begreifen. Die Frage verschiebt sich von „Wie können wir das Problem lösen?" zu „In welcher Welt wollen wir leben und wie gestalten wir sie?"

2.18 Kommunikation

Die menschliche Kommunikation entpuppt sich bei näherer Betrachtung als orchestrales Zusammenspiel verschiedener Kanäle, bei dem verbale und nonverbale Elemente in dynamischer Wechselwirkung stehen. Dieser polyphone Charakter der Interaktion bildet die Grundlage systemischer Beratung, die stets die Gesamtheit der Kommunikationsphänomene im Blick behält.

Jede sprachliche Äußerung wird von einem unsichtbaren Netz aus körperlichen Signalen begleitet, die den eigentlichen Wortbedeutungen Tiefe und Nuance verleihen. Gregory Batesons Konzept der "Metakommunikation" (1981; vgl. Metzger, 1975) verdeutlicht diesen Sachverhalt: Während die verbale Ebene den Inhalt transportiert, übermitteln nonverbale Signale unbewusste Beziehungsdefinitionen. Ein scheinbar sachlicher Satz wie „Das müssen wir besprechen" gewinnt durch einen entspannten Tonfall und offene Körperhaltung völlig andere Qualitäten als bei angespannter Stimme und verschränkten Armen. Diese paradoxe Doppelfunktion von Botschaften erfordert in der Beratungspraxis ein geschultes Sensorium für die Vielschichtigkeit menschlicher Äußerungen.

Neurolinguistische Forschungen zeigen, dass verbale und nonverbale Kommunikation unterschiedliche neuronale Verarbeitungswege durchlaufen. Während Sprache primär in der linken Hemisphäre verarbeitet wird, aktivieren Gesten und Mimik rechtshemisphärische Areale. Diese physiologische Trennung erklärt, warum bei kognitiver Überlastung häufig Inkongruenzen entstehen. Der Körper

103

verrät, was die Worte verschleiern sollen. In der systemischen Beratung dienen solche Diskrepanzen als wertvolle Hinweise auf unbewusste Konflikte oder verdeckte Loyalitäten innerhalb des Klientensystems.

Die Kybernetik zweiter Ordnung liefert hier ein entscheidendes Erklärungsmodell: Kommunikation ist nicht bloß Informationsaustausch, sondern ein selbstreferentieller Prozess, der fortwährend neue Wirklichkeiten generiert. Paul Watzlawicks berühmtes Axiom „Man kann nicht nicht kommunizieren" (1969, S. 58ff) unterstreicht die Unausweichlichkeit dieses Phänomens. Selbst Schweigen oder Abwenden des Blicks senden in sozialen Systemen bedeutungsschwere Signale, die im Beratungskontext entschlüsselt werden müssen.

Interkulturelle Studien belegen die Variabilität nonverbaler Codes: Während in mediterranen Kulturen lebhafte Gestik zur Normalität gehört, bevorzugen nordische Kommunikationsstile zurückhaltende Körpersignale. Diese kulturellen Präferenzen spiegeln sich in Familienregeln wider, die über Generationen hinweg unbewusst weitergegeben werden. Eine Familie mit Migrationshintergrund mag beispielsweise direkten Augenkontakt zwischen den Generationen als respektlos interpretieren. Ein Umstand, der in der Beratungssituation sensibel berücksichtigt werden muss, um Vertrauen aufzubauen.

Digitale Kommunikationsformen stellen diese komplexen Interaktionsmuster vor neue Herausforderungen. Videokonferenzen filtern körpersprachliche Signale durch technische Begrenzungen. Die halb verdeckte

Handbewegung, das kurze Lächeln außerhalb der Kameraeinstellung gehen verloren. Gleichzeitig entstehen neue nonverbale Codes: die bewusste Wahl virtueller Hintergründe, strategisches Positionieren der Webcam oder die Kunst des "aktiven Zuhörens" durch Nicken trotz technischer Verzögerung. Systemische Berater müssen diese veränderten Bedingungen reflektieren, um auch in digitalen Settings Beziehungsdiagnostik betreiben zu können.

Die Dekonstruktion von Kommunikationsmustern folgt in der systemischen Praxis bestimmten Leitfragen: Welche Familienmythen drücken sich in wiederkehrenden Sprachformeln aus? Wie spiegeln sich Machtverhältnisse in der Proxemik (räumliche Distanz) der Familienmitglieder? Welche paradoxen Botschaften entstehen durch den Widerspruch zwischen tröstenden Worten und abwehrender Körperhaltung? Die Kunst besteht darin, diese Beobachtungen nicht als "Wahrheiten" zu deuten, sondern als Anlass für zirkuläre Fragen, die neue Perspektiven eröffnen.

Ein praktisches Beispiel: Wenn ein Jugendlicher beim Erzählen schulischer Probleme immer wieder zur Zimmertür blickt, könnte dies auf unbewusste Erwartungen an die Eltern hinweisen. Statt diese Interpretation direkt anzusprechen, könnte der Berater fragen: „Wenn dieser Blick zur Tür eine geheime Botschaft an jemanden hier im Raum hätte, was würde sie wohl lauten?" Solche Interventionen nutzen die Vielschichtigkeit der Kommunikation, um eingefahrene Deutungsmuster zu durchbrechen.

Die Analyse verbaler und nonverbaler Aspekte dient nicht der Fehlerkorrektur, sondern der Erweiterung von Wahlmöglichkeiten. Indem Klienten für die Vielstimmigkeit ihrer eigenen Kommunikation sensibilisiert werden, entwickeln sie die Fähigkeit, bewusst zwischen verschiedenen Ausdrucksformen zu navigieren. Dies befähigt Systeme, starre Interaktionsrituale zu transformieren und neue, funktionalere Kommunikationsformen zu etablieren, der Kern jeder nachhaltigen systemischen Veränderung.

2.19 Die Kraft der Worte

Die systemische Beratung betrachtet Sprache nicht als neutrales Beschreibungsinstrument, sondern als aktiven Gestaltungsraum, in dem Realitäten entstehen, verstärkt oder transformiert werden. Dieser Grundsatz, dass die Art, wie wir über Herausforderungen sprechen, nicht nur unsere Wahrnehmung, sondern auch die Handlungsmöglichkeiten prägt, ist das Herzstück lösungsorientierter Praxis. Wenn eine Familie in der Sitzung ausschließlich über Konflikte, Schuldzuweisungen und vergangene Enttäuschungen spricht, verfestigt sie nicht nur diese Narrative, sondern trainiert ihr kollektives Gehirn darauf, Probleme als unveränderliche Tatsachen zu verankern. Umgekehrt aktiviert die Fokussierung auf Ausnahmen, Ressourcen und visionäre Ziele neuronale Netzwerke, die Kreativität, Handlungsimpulse und Zuversicht freisetzen. Ein neurosoziologischer Mechanismus, der erklärt, warum Lösungsgespräche oft schon im Sprechen über sie Wirklichkeit werden lassen.

Ein Beispiel aus der Familientherapie verdeutlicht dies: Eltern, die ihr Kind als "unfähig, Regeln zu befolgen" etikettieren, konstruieren damit einen Tunnelblick, der alle positiven Interaktionen überschattet. Ein lösungsorientierter Ansatz würde stattdessen fragen: „Wann gelingt es Ihrem Kind doch, sich an Absprachen zu halten und was ist dann anders?" Diese Frage zwingt das System, seine Aufmerksamkeit auf bisher vernachlässigte Momente der Kooperation zu lenken. Die Eltern beginnen, kleine Erfolge zu registrieren, vielleicht beim gemeinsamen Spielen oder in

Stresssituationen, was nicht nur ihre Wahrnehmung des Kindes verändert, sondern auch dessen Selbstbild. Das Kind, das spürt, dass sein "gutes" Verhalten gesehen wird, beginnt unbewusst, diese Muster zu reproduzieren, eine sich selbst erfüllende Prophezeiung im Positiven.

In Organisationen zeigt sich dieser Effekt an der Macht von Meeting-Kulturen. Teams, die ihre Besprechungen mit einer "Problemrunde" beginnen, versinken oft in zyklischen Debattten über Fehler und Hindernisse. Ein lösungsorientiertes Vorgehen würde stattdessen mit der Frage starten: „Welche kleinen Schritte haben wir seit dem letzten Treffen bereits in Richtung Ziel gemacht?" Diese Umkehrung aktiviert das präfrontale Cortex, den Sitz von Planung und Motivation, und reduziert gleichzeitig die Aktivität der Amygdala, die für Stressreaktionen zuständig ist. Die Folge ist nicht nur eine produktivere Diskussion, sondern eine kollektive Neuroplastizität. Das Team "lernt" im wahrsten Sinne, Lösungen zu denken.

Kulturelle Unterschiede modulieren diese Dynamik. In individualistischen Kontexten mag die Fokussierung auf persönliche Lösungsfähigkeiten („Was kannst du anders machen?") empowernd wirken, während kollektivistische Systeme stärker auf gemeinschaftsorientierte Narrative ansprechen („Wie können wir diese Krise als Chance für unseren Zusammenhalt nutzen?").

Die Macht der Worte entfaltet sich auch in der Schwebe zwischen Diagnose und Hoffnung. Eine Klientin, die sich selbst als "depressiv" bezeichnet, riskiert, diese Identität mit jeder Erwähnung zu verfestigen. Die lösungsorientierte Alternative („Sie erleben gerade eine

Phase tiefer Erschöpfung, aus der Sie bereits früher Wege gefunden haben") öffnet Türchen zur Veränderung, ohne die Realität des Leidens zu leugnen. Diese sprachliche Präzision ist keine Beschönigung, sondern ein epistemologischer Akt: Sie dekonstruiert die vermeintliche Objektivität von Problemetiketten und stellt die Definitionsmacht zurück ins System.

Interessanterweise wirkt dieser Ansatz sogar in scheinbar hoffnungslosen Situationen. Bei chronisch kranken Patienten, die sich in einer "Problemtrance" verlieren, kann die Frage „Wie schaffen Sie es jeden Morgen, trotz allem aufzustehen?" verborgene Resilienzquellen freilegen. Die Beschreibung dieser Mikrostrategien, sei es das Ritual einer Tasse Tee oder der Anruf bei einer Freundin, verwandelt passive Opfererzählungen in Geschichten stiller Helden. Diese Umdeutung aktiviert nicht nur das dopaminerge Belohnungssystem, sondern schafft metaphorische "Brückensteine", über die der Fluss der Hoffnung wieder fließen kann. Letztlich ist die lösungsorientierte Sprachpraxis eine Revolution der Aufmerksamkeitsökonomie. Sie trainiert Systeme darin, ihre knappe kognitive und emotionale Energie nicht in die Analyse von Problemursachen zu verschwenden, sondern in die Konstruktion von Zukunftsvisionen zu investieren. Dies bedeutet nicht, Schwierigkeiten zu ignorieren, sondern sie als Hintergrundrauschen zu behandeln, aus dem sich die Melodie der Lösungen herausschält. In einer Welt, die von Krisennarrativen überflutet wird, wird diese Fähigkeit zur sprachlichen Fokussierung zur Überlebenskompetenz, sowohl für Individuen als auch für die Gesellschaften, die sie formen.

2.20 Unterbrechung von Mustern: Die Chance zum Wandel

Die Fähigkeit, sich wiederholende Muster zu erkennen und zu unterbrechen, ist der Schlüssel zur Transformation in systemischen Prozessen. Muster, ob in Familien, Partnerschaften oder Organisationen, sind nicht statische Gebilde, sondern lebendige Choreografien aus Handlungen, Erwartungen und unbewussten Vereinbarungen. Sie entstehen durch Wiederholung, verfestigen sich in neuronalen Bahnen und sozialen Erwartungshorizonten, bis sie als "natürlich" oder "unvermeidlich" erscheinen. Die Kunst der Musterunterbrechung liegt darin, diese vermeintliche Natürlichkeit zu entzaubern und die dahinterliegenden Mechaniken sichtbar zu machen, ein Akt der Dekonstruktion, der Raum für Neues schafft.

Ein Beispiel aus der Familienberatung: Jeder Streit zwischen Eltern und Teenager eskaliert nach demselben Schema: Vorwurf, Gegenangriff, Rückzug. Dieses Muster ist so eingeschliffen, dass die Beteiligten ihre Rollen wie Schauspieler in einem immer gleichen Stück einnehmen. Die Unterbrechung beginnt mit der Beobachtung: „Mir fällt auf, dass unsere Gespräche oft denselben Rhythmus folgen. Als würden wir gemeinsam einen Tanz aufführen, dessen Schritte wir längst auswendig kennen." Diese Metapher externalisiert das Muster, macht es zum gemeinsamen "Dritten" im Raum, das nicht den Einzelnen angelastet wird. Nun kann experimentiert werden: Was passiert, wenn eine Partei plötzlich aus dem gewohnten Schritt ausbricht? Wenn die Mutter statt mit Vorwürfen mit einer überraschenden Frage beginnt („Was bräuchtest du

110

gerade, um mich wirklich zu hören?"")? Solche Brüche im Skript aktivieren das Gehirn aus seiner Routine und zwingen es, neue Verbindungen zu knüpfen.

In Organisationen manifestieren sich Muster oft als "Rituale der Ineffizienz": wöchentliche Meetings, die niemand infrage stellt; Entscheidungsprozesse, die stets dieselben Hierarchien bedienen; Innovationsblockaden, die als „das haben wir immer so gemacht" legitimiert werden. Die Unterbrechung erfordert hier oft physische Eingriffe, die Umgestaltung des Sitzungsraums, die Einführung absurder Protokolle („Heute darf nur sprechen, wer ein rotes Kleidungsstück trägt") oder das bewusste Einbauen von "Denk-Pausen" in Diskussionen. Diese Irritationen stören die kognitive Autopilotik und zwingen das System, seine impliziten Regeln zu reflektieren.

Kulturell betrachtet, sind Muster oft in kollektive Narrative eingewoben. In patriarchalen Gesellschaften mag das Muster der "männlichen Entscheidungsautorität" so tief verankert sein, dass es selbst von Feministinnen unbewusst reproduziert wird. Die Unterbrechung erfordert hier eine doppelte Bewegung: einerseits die Sichtbarmachung des Musters durch kontraintuitive Fragen („Was würde passieren, wenn wir diese Besprechung in einem Raum ohne Stühle abhalten, nur Stehende dürfen sprechen?"), andererseits die Schaffung von Schutzräumen, in denen alternative Rollen erprobt werden können, ohne sofortige Sanktionen zu fürchten.

Die größte Herausforderung liegt in der Ambivalenz von Mustern: Sie stiften sowohl Stabilität als auch Leid. Eine alleinerziehende Mutter, die Nacht für Nacht bis zur Erschöpfung arbeitet, um ihre Kinder zu versorgen, schafft ein Muster der Selbstaufopferung, das kurzfristig Sicherheit gibt, langfristig aber Burnout provoziert. Die Unterbrechung muss hier behutsam erfolgen, etwa durch die Einführung von "Selbstfürsorge-Experimenten", die zunächst winzig erscheinen („10 Minuten täglich nur für Sie"), aber die Logik der bedingungslosen Hingabe unterwandern. Jede erfolgreiche Unterbrechung, selbst eine minimale, wird zum Beweis, dass Veränderung möglich ist, ohne dass das System kollabiert.

Neurowissenschaftlich betrachtet, ist Musterunterbrechung ein Akt der Neuroplastizität. Gewohnte Verhaltensweisen entsprechen starken synaptischen Bahnen; das Einführen neuer Reaktionen zwingt das Gehirn, frische Verbindungen zu bilden. Dies erklärt, warum selbst kleine Abweichungen, das Lächeln statt des gewohnten Seufzers, das Aufschreiben eines Konflikts statt seiner Inszenierung, transformative Kraft entfalten können. Sie wirken wie Samen, die Risse in die Betondecke der Gewohnheit treiben.

Doch die Kreation alternativer Muster ist kein linearer Prozess. Neue Verhaltensweisen lösen oft systemischen Widerstand aus, da sie bestehende Machtverhältnisse bedrohen. Ein Vater, der plötzlich Haushaltsaufgaben übernimmt, destabilisiert vielleicht die Rollenverteilung der letzten Jahrzehnte; ein Team, das Hierarchien infrage stellt, erschüttert informelle Allianzen. Die systemische Begleitung muss daher stets die paradoxe Aufgabe meistern: einerseits Sicherheit für das Neue zu schaffen, andererseits die produktive Instabilität des Übergangs auszuhalten.

Die Musterunterbrechung ist eine Einladung zum kreativen Spiel, zum Infragestellen der unsichtbaren Regeln, die unser Zusammenleben ordnen. Sie erinnert daran, dass selbst die festgefahrensten Systeme letztlich aus laufenden Verhandlungen bestehen, die jederzeit neu justiert werden können. In diesem Sinne ist jede Krise nicht nur Bedrohung, sondern auch Einladung: eine Chance, den Tanzschritt zu ändern und gemeinsam neue Melodien zu erfinden.

2.21 Fokus: Die Stärken des Menschen

Die systemische Beratung revolutioniert den traditionellen Blick auf menschliche Herausforderungen, indem sie den Fokus radikal von Defiziten und Pathologien hin zu den oft unsichtbaren Ressourcen und latenten Stärken verschiebt. Diese Perspektivenänderung ist kein bloßes Methodeninstrument, sondern ein Paradigmenwechsel, der tief in soziologischen, psychologischen und neurobiologischen Erkenntnissen verwurzelt ist. Während konventionelle Ansätze dazu neigen, Probleme als individuelle "Defekte" zu framen, erkennt die systemische Haltung an, dass jede Krise, jedes scheinbare Versagen, eingebettet ist in ein komplexes Geflecht aus Beziehungen, kulturellen Narrativen und biografischen Erfahrungen. Ein Geflecht, das gleichzeitig der Schlüssel zu seiner Überwindung ist.

Der defizitorientierte Ansatz, der lange Zeit dominierte, basiert auf einer mechanistischen Weltsicht: Der Mensch als reparaturbedürftige Maschine, bei der "kaputte Teile" identifiziert und repariert werden müssen. Dieses Modell übersieht jedoch, dass menschliche Systeme, ob Individuen, Familien oder Organisationen, keine Maschinen sind, sondern lebendige Organismen, die durch die kontinuierliche Interaktion ihrer Teile entstehen. Die Fixierung auf Schwächen verstärkt nicht nur Stigmatisierung, sondern blendet jene selbstorganisatorischen Kräfte aus, die in jedem System schlummern. Ein Beispiel: Eine als "lernschwach" etikettierte Schülerin internalisiert dieses Label, was ihre synaptischen Verschaltungen tatsächlich auf die Erwartung des Scheiterns trimmt. Gleichzeitig bleiben

114

ihre musischen Talente oder sozialen Kompetenzen, die außerhalb des schulischen Bewertungsrasters liegen, ungenutzt, eine doppelte Verarmung, individuell und systemisch.

Die Ressourcenorientierung hingegen aktiviert das, was der Medizinsoziologe Aaron Antonovsky (1997) als "Salutogenese" beschrieb: die Suche nach den Quellen von Gesundheit, selbst inmitten von Krankheit oder Dysfunktion. In der Praxis bedeutet dies, dass eine Familie, die sich in der Beratung als "zerstritten" präsentiert, nicht nach ihren Kommunikationsfehlern durchleuchtet, sondern nach ihren überdauernden Bindungsmustern befragt wird. Womöglich zeigt sich, dass der tägliche Streit paradoxerweise die Funktion hat, emotionale Nähe zu simulieren, wenn echte Intimität Angst auslöst. Diese Umdeutung verwandelt das Problem in einen Hinweisgeber für unerfüllte Bedürfnisse und legt damit den Grundstein für authentischere Interaktionsformen.

Kulturell betrachtet, ist der Defizitblick kein neutrales Konstrukt. In leistungsorientierten Gesellschaften wird die Fokussierung auf Schwächen oft als "Realismus" missverstanden, während ressourcenorientierte Haltungen als naiver Optimismus abgetan werden. Doch diese Dichotomie trügt: Studien zur Neuroplastizität belegen, dass die gezielte Aufmerksamkeit auf Stärken nicht nur das Selbstwirksamkeitserleben steigert, sondern physiologische Veränderungen anstößt, etwa die vermehrte Ausschüttung von Dopamin, das kognitive Flexibilität und Lernbereitschaft fördert. Ein Team, das in Retrospektiven nicht Fehler analysiert, sondern "Momente der Flow-Erfahrung" reflektiert, entwickelt nicht nur eine positivere Fehlerkultur, sondern erhöht nachweislich seine kollektive Intelligenz.

Die Macht der Gewohnheit, verstärkt durch gesellschaftliche Normen, führt jedoch dazu, dass Ressourcen oft als "Selbstverständlichkeiten" unsichtbar bleiben. Die Fähigkeit einer alleinerziehenden Mutter, trotz Mehrfachbelastung Routinen aufrechtzuerhalten; die intuitive Konfliktmediationsgabe eines scheinbar passiven Teammitglieds; die kreative Improvisationskraft eines als "chaotisch" abgestempelten Künstlers. All diese Potenziale werden erst sichtbar, wenn der systemische Blick gezielt danach sucht. Die systemische Beratung nutzt hier Techniken wie das Reframing („Was andere als Sturheit bezeichnen, könnte ich als beharrliche Zielverfolgung interpretieren. Wann hat Ihnen diese Eigenschaft bereits geholfen?") oder die Skalierungsfrage („Auf einer Skala von 1 bis 10: Wie viel Ihrer Resilienz setzen Sie aktuell ein, und was bräuchte es für einen Punkt mehr?"), um diese blinden Flecken zu illuminieren.

Organisationen offenbaren ähnliche Dynamiken. Ein Unternehmen, das sich ausschließlich auf seine hohe Fluktuationsrate konzentriert, übersieht womöglich die loyalen Mitarbeitenden, die trotz attraktiver Angebote bleiben, nicht aus Bequemlichkeit, sondern wegen subtiler Bindungskräfte wie informeller Mentoring-Netzwerke oder geteilter Werte. Die systemische Intervention würde hier nicht beim "Problem" der Fluktuation ansetzen, sondern die bereits existierenden Bindungsfaktoren verstärken und so eine positive Rückkopplungsspirale in Gang setzen.

Die Kritik an der Ressourcenorientierung als "Beschönigung" verkennt ihren radikalen Kern: Es geht nicht darum, Leiden zu ignorieren, sondern es in seinen systemischen Zusammenhängen zu verstehen und damit veränderbar zu machen. Eine depressive Klientin mag in der defizitorientierten Sicht als "antriebslos" pathologisiert werden; die ressourcenorientierte Perspektive fragt hingegen: „Unter welchen Bedingungen gelingt es Ihnen, trotz der lähmenden Schwere kleine Handlungen zu setzen?" Die Antwort, sei es das tägliche Öffnen des Fensters oder das Aufschreiben eines Gedankens, wird zum Ausgangspunkt für Mikroexperimente, die das neuronale Belohnungssystem neu kalibrieren.

Die Fokussierung auf Stärken ist auch eine politische Haltung. Sie widersetzt sich der in den gegenwärtigen Gesellschaften tief verwurzelten Logik des Mangels, die Menschen zu permanenten Optimierungsprojekten degradiert. Indem sie die Aufmerksamkeit auf das Vorhandene lenkt, auf Fähigkeiten, die schon da sind, auf Beziehungen, die schon tragen, auf Lösungen, die schon keimen, ermächtigt sie Systeme, sich nicht als Opfer externer Umstände, sondern als Gestalter ihrer eigenen Narrative zu begreifen. Diese Haltung transformiert Beratung von einer Reparaturwerkstatt in einen Laborraum des Möglichen, in dem die Frage nicht lautet „Was fehlt?", sondern „Was kann werden?".

3. Interkulturelle Kompetenz: Die Bedeutung der Sensibilität

3.1 Kulturelles Verständnis: Die Landkarte der Bedeutungen

Kultur, verstanden als "Landkarte der Bedeutungen" (Meyer, 2014), ist kein starres Koordinatensystem, sondern ein lebendiges Geflecht aus Symbolen, Praktiken und Narrativen, das menschliche Erfahrungen strukturiert und gleichzeitig durch sie ständig neu geformt wird. Diese Landkarte ist kein neutrales Abbild der Welt, sondern ein aktiver Prozess der Sinnstiftung, ein kollektives Kunstwerk, das Individuen und Gruppen hilft, Chaos in Kosmos zu verwandeln. Aus systemisch-konstruktivistischer Perspektive entsteht Kultur nicht durch passive Übernahme vorgegebener Muster, sondern durch die fortwährende Interaktion zwischen individueller Agency und kollektiven Deutungsrahmen.

Ein zentraler Mechanismus ist hier die symbolische Kodierung von Alltagserfahrungen. Was in einer Kultur als "Respekt" gilt (etwa der Verzicht auf Augenkontakt in bestimmten Kontexten), kann in einer anderen als Desinteresse missverstanden werden. Diese Kodierungen sind keine willkürlichen Regeln, sondern sedimentierte Antworten auf historische, ökologische und soziale Herausforderungen. Die nomadischen Tuareg der Sahara entwickelten etwa eine Kultur der Gastfreundschaft, die Überleben in lebensfeindlicher Umgebung sicherte. Ein praktischer Imperativ, der über Jahrhunderte zum identitätsstiftenden Wert wurde. In urbanen Gesellschaften mag dieselbe Gastfreundschaft zum "Networking" instrumentalisiert werden, ohne ihre ursprüngliche existenzielle Dringlichkeit.

Kulturelle Identitätsbildung vollzieht sich in diesem Spannungsfeld zwischen Zugehörigkeit und Abgrenzung. Der Soziologe Stuart Hall (1980) beschrieb Identität nicht als essenziales Wesen, sondern als "Produkt der Artikulation", ein ständiges Aushandeln zwischen dem, "wer wir zu sein glauben" und dem, "wofür uns andere halten". Ein Jugendlicher mit Migrationshintergrund in Deutschland navigiert täglich zwischen der "Landkarte" seiner familialen Herkunftskultur (z. B. kollektive Verantwortung, Respekt vor Älteren) und der individualistischen Matrix der Aufnahmegesellschaft (Autonomie, Selbstverwirklichung). Seine Identität ist kein fixes Territorium, sondern ein Grenzgebiet, in dem Bedeutungen hybridisiert, übersetzt oder konfrontiert werden.

Die systemische Relevanz zeigt sich in Beratungssettings, wenn kulturelle Deutungsmuster unerkannt Konflikte nähren. Eine Familie aus einer schamorientierten Kultur mag schulische Probleme ihres Kindes als Angriff auf die Familienehre erleben, während die Lehrkraft sie durch die Brille leistungsorientierter Pädagogik als individuelles Versagen deutet. Der Berater muss hier nicht nur beide "Landkarten" entschlüsseln, sondern auch die unsichtbaren Koordinaten sichtbar machen: Welche historisch gewachsenen Ängste (z. B. vor gesellschaftlicher Deklassierung) prägen die Familieneinstellung? Welche impliziten Normen des

Schulsystems (z. B. die Idealisierung von Selbstständigkeit) kollidieren damit?

Interessanterweise funktionieren kulturelle Landkarten oft durch paradoxe Doppelstrukturen. In Japans "Wa"-Kultur (Harmonie) existiert das Konzept des "Tatemae" (öffentliche Fassade) neben "Honne" (privaten Gefühlen), ein Spannungsfeld, das Außenstehende leicht als Heuchelei missdeuten. Systemisch betrachtet, ist dies jedoch eine hochfunktionale Anpassung: Sie ermöglicht Gruppenkohäsion in dicht besiedelten Räumen, ohne individuelle Bedürfnisse vollständig zu unterdrücken. Ähnliche Paradoxien finden sich in der deutschen "Direktheit", die einerseits Effizienz fördert, andererseits interkulturelle Missverständnisse provozieren kann.

Die Dynamik kultureller Sinnstiftung wird in Zeiten der Digitalisierung besonders sichtbar. Soziale Medien schaffen transnationale "Cyberkulturen". Jugendliche in Nairobi, Seoul und Berlin teilen Memes, die lokale Bedeutungen global rekontextualisieren. Gleichzeitig führt dies zu neuen Identitätskonflikten: Ein Jugendlicher, der online neue Diskurse entdeckt, muss diese mit den kulturellen "Landkarten" seiner Offline-Welt erst verhandeln. Hier entstehen kulturelle Dissonanzen, die traditionelle Beratungsansätze überfordern, da sie hybride Räume betreffen, die weder vollständig lokal noch global sind.

Kultur als "Sinnkonstitution" (vgl. Röbe-Oltmanns, 2023, S. 4) ist somit immer auch Machtfrage. Dominante Gruppen definieren, welche Deutungsmuster als legitim gelten. Eine Dynamik, die Antonio Gramsci (2019) als "kulturelle Hegemonie" analysierte. In der psychosozialen Beratung zeigt sich dies, wenn Klienten internalisierte Stigmata ihrer Minderheitenkultur verarbeiten müssen (z. B. das Gefühl, die "falsche" Sprache oder Religion zu haben). Die systemische Aufgabe liegt hier nicht in der Bewertung von Kulturen, sondern in der Dekonstruktion von Unterdrückungsmechanismen, die bestimmte "Landkarten" als minderwertig markieren.

Praktisch bedeutet dies für Berater:
- Kartografische Neugier: Die Haltung eines Ethnografen einnehmen, der nicht bewertet, sondern erforscht. „Was bedeutet Erfolg/Mut/Familie in Ihrem kulturellen Kontext?"
- Reflexive Positionierung: Die eigene kulturelle Prägung ständig hinterfragen. „Wie prägt meine 'Landkarte' die Interpretation des Klienten-Systems?".
- Translatorische Kompetenz: Brücken zwischen divergierenden Deutungssystemen bauen, ohne sie gewaltsam zu vereinheitlichen.

Die "Landkarte der Bedeutungen" ist nie vollständig. Sie wird mit jedem Schritt neu gezeichnet. In dieser Erkenntnis liegt die Chance: In dem Systeme lernen, ihre kulturellen Koordinaten als verhandelbar zu begreifen, werden sie zu Mitgestaltern ihrer eigenen Sinnwelten. Kultur ist somit nicht das Gefängnis, für das sie oft gehalten wird, sondern der Schlüssel, der, richtig gedreht, neue Räume des Verstehens und Handelns öffnet.

3.2 Feinfühligkeit als Schlüsselmethodik: Die Kunst des richtigen Augenblicks

In der interkulturellen Beratung reicht es nicht aus, einfach nur über ein Repertoire bewährter Methoden zu verfügen. Mindestens ebenso wichtig ist das Wie und Wann ihres Einsatzes. Die feinfühlige Wahrnehmung von Stimmungen, Grenzen und impliziten Botschaften ist deshalb keine Ergänzung zur Methode, sondern eine Methode an sich und für viele Beratende sogar die wichtigste.

Nicht jede Methode funktioniert bei jeder Familie und in jeder Kultur (vgl. Lenz, 2011, S.49). Die Wirksamkeit methodischer Interventionen hängt stark von der situativen Passung ab. Was in einer Familie als hilfreich und öffnend erlebt wird, kann in einer anderen als übergriffig oder unverständlich wirken.

Feinfühligkeit bedeutet in diesem Zusammenhang, mit wachen Sinnen und innerer Offenheit in den Raum zu treten. Sie verlangt die Fähigkeit, Zwischentöne zu erkennen, etwa wenn ein Familienmitglied innerlich zurückweicht, obwohl es äußerlich zustimmt, oder wenn ein Lächeln eher der Höflichkeit als der Zustimmung entspringt. Auch nonverbale Hinweise wie Körperhaltung, Blickverhalten oder ein kurzes Innehalten können wichtige Hinweise liefern.

Diese Art von Sensibilität erfordert Selbstreflexion und Achtsamkeit. Beratende müssen nicht nur das Verhalten der Klienten genau wahrnehmen, sondern auch ihre eigenen Reaktionen, Impulse und kulturellen

122

Vorprägungen kritisch hinterfragen. Supervision und kollegialer Austausch sind dabei wertvolle Instrumente, um die eigene Feinfühligkeit zu schulen und blinde Flecken zu minimieren.

Feinfühligkeit bedeutet, jede Familie als einzigartigen Lebensraum wahrzunehmen und sich ihr mit Achtsamkeit und Respekt zu nähern. Es geht darum, methodisches Wissen nicht schematisch anzuwenden, sondern in Einklang mit der konkreten Situation und den individuellen Bedürfnissen der Menschen zu bringen. Wer mit wachem Gespür und innerer Offenheit handelt, schafft eine Atmosphäre, in der sich Vertrauen entfalten kann. Dadurch wird Beratung nicht nur wirksam, sondern auch menschlich und verbindend.

3.3 Soziale Rollen: Der Kontext formt das Verhalten

Interkulturelle Kompetenz setzt ein tiefgehendes Verständnis sozialer Rollen voraus, denn diese bilden den Rahmen, innerhalb dessen Individuen ihr Verhalten, ihre Kommunikation und ihre Erwartungen entwickeln. Menschen agieren nicht isoliert, sondern in einem komplexen Gefüge gesellschaftlicher Normen, das durch Geschlecht, Generationenzugehörigkeit und berufliche Positionen geprägt ist (Hegemann, 2024, S. 13). Diese sozialen Rollen beeinflussen nicht nur die Selbstwahrnehmung, sondern auch die Art und Weise, wie Individuen mit anderen interagieren. Insbesondere, wenn es um den Kontakt mit Menschen aus unterschiedlichen kulturellen Hintergründen geht.

Soziale Rollen sind historisch gewachsen und kulturell kodiert. Während in manchen Gesellschaften geschlechtsspezifische Erwartungen stark normiert sind und klare Vorgaben darüber existieren, was als angemessenes Verhalten für Männer und Frauen gilt, zeigen sich in anderen Kulturen fluidere Konzepte von Geschlechterrollen. Ähnliches gilt für die Generationenzugehörigkeit: Während in kollektivistischen Kulturen ältere Menschen oft mit besonderem Respekt behandelt und als Autoritätspersonen wahrgenommen werden, ist in individualistischen Gesellschaften eine egalitärere Generationenbeziehung verbreitet.

Die Reflexion der eigenen sozialen Position ist ein zentraler Bestandteil interkultureller Kompetenz.

124

Menschen neigen dazu, ihre eigenen normativen Vorstellungen als universell zu betrachten und erwarten oft, dass andere nach denselben Maßstäben handeln. Dieser unbewusste Ethnozentrismus kann jedoch zu Missverständnissen und Konflikten führen, wenn unterschiedliche kulturelle Konzepte aufeinandertreffen. Ein interkulturell kompetenter Ansatz erfordert daher die Fähigkeit, die eigenen Rollenbilder zu hinterfragen und sich der Tatsache bewusst zu werden, dass andere Kulturen möglicherweise völlig andere Erwartungen an dieselben Rollen haben.

Im professionellen Kontext zeigt sich diese Dynamik besonders deutlich. Die Rolle eines Beraters, Lehrers oder Arztes wird in verschiedenen kulturellen Kontexten unterschiedlich definiert. Während in manchen Gesellschaften eine stark hierarchische Beziehung zwischen Fachkraft und Klient vorherrscht, wird in anderen eine partnerschaftliche, kooperative Interaktion bevorzugt. Wer interkulturell kompetent agieren möchte, muss sich dieser Unterschiede bewusst sein und flexibel darauf reagieren können.

Der interkulturelle Austausch erfordert daher nicht nur Wissen über andere Kulturen, sondern auch eine tiefgehende Selbstreflexion. Wer versteht, welche Erwartungen und Normen das eigene Verhalten formen, kann sich bewusster auf andere kulturelle Perspektiven einlassen. Diese Sensibilität ermöglicht es, Differenzen nicht als Hindernis zu betrachten, sondern als wertvolle Ressource, die neue Sichtweisen und Möglichkeiten eröffnet.

3.4 Kommunikation: Der Tanz der Unterschiede

Kommunikation ist nicht ein bloßer Austausch von Informationen. Sie ist ein vielschichtiger, dynamischer Prozess, der von kulturellen Normen, sozialen Hierarchien und individuellen Erwartungen durchdrungen ist. Jede Gesellschaft entwickelt eigene Regeln dafür, wie Menschen miteinander sprechen, welche Gesten als angemessen gelten und welche sprachlichen Nuancen bestimmte soziale Rollen und Beziehungen definieren. In interkulturellen Begegnungen treffen diese verschiedenen Kommunikationsstile aufeinander, manchmal in einer harmonischen Ergänzung, manchmal aber auch mit potenziellen Missverständnissen und Reibungen.

Sprache ist dabei nicht nur ein Mittel zur Verständigung, sondern auch ein Spiegel kultureller Werte. Während in individualistischen Gesellschaften direkte und explizite Ausdrucksweisen geschätzt werden, gilt in vielen kollektivistischen Kulturen eine indirekte, kontextabhängige Kommunikation als höflich und respektvoll. In Japan beispielsweise wird erwartet, dass Gesprächspartner Bedeutungen aus dem Kontext erschließen, während in den Niederlanden eine direkte Sprache als Ausdruck von Offenheit und Ehrlichkeit gilt. Solche Unterschiede können leicht zu Missverständnissen führen, wenn Menschen davon ausgehen, dass ihre eigene Kommunikationsweise universell ist.

Neben der direkten und indirekten Kommunikation spielen auch Hierarchien und soziale Rollen eine entscheidende Rolle. In manchen Kulturen bestimmt der soziale Status eines Menschen maßgeblich die Art und

Weise, wie mit ihm gesprochen wird. Ein Angestellter würde sich in diesen Gesellschaften gegenüber seinem Vorgesetzten weit zurückhaltender und respektvoller äußern als gegenüber einem Kollegen auf der gleichen Hierarchiestufe. In wieder anderen Kulturen hingegen wird eine flache Hierarchie oft betont, sodass ein direkter und informeller Kommunikationsstil selbst in beruflichen Kontexten akzeptabel ist.

Ein weiterer wichtiger Faktor ist das Geschlecht. Während in einigen Kulturen eine weitgehende Gleichberechtigung in der Kommunikation angestrebt wird, existieren in anderen Kulturen klare Regeln dafür, wie Männer und Frauen miteinander sprechen sollten. So kann es in einigen Gesellschaften als unhöflich gelten, wenn ein Mann eine Frau direkt anspricht oder Blickkontakt mit ihr hält.

Die Frage der Höflichkeit variiert ebenfalls stark zwischen Kulturen. Während in Deutschland oder Skandinavien eine präzise, sachliche Ausdrucksweise geschätzt wird, legen viele südostasiatische oder arabische Kulturen Wert auf diplomatische, umschreibende Formulierungen, um das Gegenüber nicht zu verletzen. Das bedeutet, dass ein einfaches „Nein" in einer direkten Kultur als normal gilt, in einer indirekten Kultur jedoch vermieden und stattdessen durch vage oder ausweichende Antworten ersetzt wird.

Diese unterschiedlichen Kommunikationsstile erfordern Sensibilität und eine bewusste Reflexion der eigenen Erwartungen. Menschen, die interkulturell kompetent agieren möchten, sollten sich daher fragen:

- Wie beeinflusst meine eigene kulturelle Prägung meine Art zu sprechen?

- Erwarte ich von meinem Gegenüber eine bestimmte Ausdrucksweise, weil sie mir vertraut ist?

- Wie kann ich meine Kommunikation anpassen, um Missverständnisse zu vermeiden?

Interkulturelle Kommunikation gleicht einem Tanz, bei dem beide Seiten lernen müssen, sich auf den Rhythmus des anderen einzulassen. Wer die Unterschiede nicht als Hindernis, sondern als Bereicherung begreift, kann Brücken zwischen Kulturen bauen und ein tieferes Verständnis für die Vielfalt menschlicher Ausdrucksweisen entwickeln.

3.5 Kulturelle Definitionen: Was uns verbindet und trennt

Die Art und Weise, wie Menschen soziale Beziehungen definieren, ist tief in ihrer kulturellen Prägung verwurzelt. Begriffe wie Familie, Freundschaft und Fremdheit scheinen universell, doch ihre Bedeutung variiert stark je nach gesellschaftlichem Kontext. Während in einer Kultur Familie eng auf Eltern und Kinder beschränkt sein kann, umfasst sie in einer anderen ein weit verzweigtes Netzwerk aus Verwandten, Nachbarn und sogar engen Bekannten (Şahinöz, 2020b). Ebenso unterscheiden sich Konzepte von Freundschaft und Fremdheit erheblich, was zu Missverständnissen führen kann, wenn Menschen aus verschiedenen kulturellen Hintergründen aufeinandertreffen.

Familie ist in kollektivistischen Gesellschaften oft weitläufig definiert und geht über den engen Kreis der Kernfamilie hinaus. In vielen Kulturen wird Familie nicht nur als biologische Verwandtschaft verstanden, sondern auch als ein soziales Gefüge, das Unterstützung, Verpflichtung und Loyalität einschließt. Entscheidungen werden nicht individuell getroffen, sondern in Abstimmung mit der Familie, deren Interessen oft Vorrang vor persönlichen Wünschen haben. Der Einfluss der Familie reicht bis in die Berufswahl, Eheschließung und den Alltag hinein. In individualistischen Gesellschaften hingegen wird Familie häufiger als eine private, auf die Kernverwandtschaft beschränkte Einheit betrachtet, in der jedes Mitglied eigene Entscheidungen trifft und persönliche Autonomie betont wird.

Auch das Verständnis von Freundschaft ist kulturell unterschiedlich geprägt. Während in einigen Kulturen Freundschaften oft auf gemeinsamen Interessen, Offenheit und gegenseitigem Vertrauen basieren, spielen in anderen Teilen der Welt Loyalität und gegenseitige Unterstützung eine größere Rolle. In vielen lateinamerikanischen oder nahöstlichen Gesellschaften bedeutet Freundschaft eine tiefe, lebenslange Verpflichtung, die oft mit familiären Bindungen vergleichbar ist. In anderen Ländern hingegen sind Freundschaften flexibler und können sich je nach Lebensphase verändern. Dies führt dazu, dass Menschen aus kollektivistischen Kulturen andere Freundschaftsmodelle als oberflächlich empfinden, während umgekehrt Menschen aus individualistischen Gesellschaften überrascht sein können, wenn Freundschaften mit starken Verpflichtungen einhergehen.

Fremdheit ist ein weiteres Konzept, das kulturell unterschiedlich interpretiert wird. In einigen Gesellschaften wird ein Fremder grundsätzlich als potenzielles Mitglied der Gemeinschaft betrachtet, solange er bestimmte soziale Erwartungen erfüllt. In anderen Kulturen hingegen existiert eine strikte Trennung zwischen "Innen" und "Außen", sodass Fremde oft erst nach längerer Zeit als Teil der Gruppe akzeptiert werden. In Kulturen mit einer starken Gastfreundschaftstradition, etwa in der arabischen oder türkischen Welt, wird Fremden oft mit großer Offenheit begegnet, während in stärker individualistisch geprägten Gesellschaften Zurückhaltung und Distanz als normal gelten.

Diese unterschiedlichen Definitionen beeinflussen soziale Interaktionen maßgeblich. Wer sich interkulturell kompetent verhalten möchte, sollte sich bewusst machen, dass eigene Erwartungen an Beziehungen nicht universell sind. Was in einer Kultur als respektvoll gilt, kann in einer anderen als distanziert oder gar unhöflich empfunden werden. Ebenso sollte man sich fragen, ob die eigene Definition von Nähe und Distanz tatsächlich allgemeingültig ist oder ob sie das Produkt einer spezifischen kulturellen Sozialisation ist.

Es zeigt sich, dass trotz aller Unterschiede ein grundlegendes Bedürfnis nach Zugehörigkeit und sozialer Bindung in allen Kulturen vorhanden ist. Die Herausforderung besteht darin, die verschiedenen Ausdrucksformen dieses Bedürfnisses zu erkennen und wertzuschätzen. Wer kulturelle Definitionen reflektiert und hinterfragt, kann Brücken zwischen unterschiedlichen sozialen Welten bauen und eine tiefere Form des interkulturellen Verständnisses entwickeln.

3.6 Angemessenes Verhalten: Die Kunst der Flexibilität

Angemessenes Verhalten ist keine feststehende Größe, sondern hängt vom jeweiligen kulturellen und sozialen Kontext ab. In interkulturellen Begegnungen zeigt sich immer wieder, dass Handlungen, die in einer Kultur als höflich oder respektvoll gelten, in einer anderen als unangebracht oder sogar beleidigend empfunden werden können. Deshalb erfordert der Umgang mit unterschiedlichen Normen und Erwartungen eine hohe Sensibilität und die Fähigkeit zur Anpassung.

Flexibilität ist dabei der Schlüssel. Wer sich seiner eigenen kulturellen Prägung bewusst ist und gleichzeitig offen für andere Sichtweisen bleibt, kann besser einschätzen, welche Verhaltensweisen in einer bestimmten Situation angemessen sind (vgl. Hegemann, 2024). Das bedeutet nicht, sich selbst oder die eigene Identität aufzugeben, sondern vielmehr, eine Balance zwischen Authentizität und Rücksichtnahme zu finden.

Ein klassisches Beispiel für kulturell unterschiedliche Erwartungen ist der Blickkontakt. Während in einigen Gesellschaften direkter Blickkontakt als Zeichen von Interesse und Ehrlichkeit gilt, kann er in anderen Kulturen als aufdringlich oder respektlos wahrgenommen werden. Wer sich dieser Unterschiede bewusst ist, kann sein Verhalten entsprechend anpassen und Missverständnisse vermeiden.

Ein weiteres Beispiel ist der Umgang mit Kritik. In einigen Kulturen wird Kritik sehr direkt geäußert, um Effizienz und Klarheit zu gewährleisten. In anderen hingegen ist es üblich, negative Rückmeldungen indirekt oder durch Umschreibungen zu vermitteln, um das Gegenüber nicht in Verlegenheit zu bringen. Wer diese Unterschiede erkennt, kann seine Kommunikationsweise entsprechend anpassen, um einen respektvollen Austausch zu ermöglichen.

Doch was passiert, wenn jemand selbst unangemessen behandelt wird? In interkulturellen Begegnungen kann es vorkommen, dass man sich durch bestimmte Verhaltensweisen irritiert oder sogar verletzt fühlt. Die erste Reaktion ist oft ein Gefühl der Ablehnung oder des Unverständnisses. Doch anstatt vorschnell zu urteilen, ist es hilfreich, innezuhalten und zu überlegen, ob das Verhalten des Gegenübers möglicherweise auf kulturellen Unterschieden beruht.

Hier kommt die Kunst der Flexibilität ins Spiel. Anstatt sofort auf Konfrontation zu gehen, kann es sinnvoll sein, nach dem Hintergrund eines bestimmten Verhaltens zu fragen. Ein Gespräch kann Missverständnisse aufklären und zu einem besseren gegenseitigen Verständnis führen. Gleichzeitig ist es wichtig, eigene Grenzen zu wahren und darauf hinzuweisen, wenn eine Situation als unangenehm empfunden wird.

In der interkulturellen Beratung spielt diese Thematik eine zentrale Rolle. Berater müssen nicht nur die kulturellen Hintergründe ihrer Klienten verstehen, sondern auch dafür sensibilisieren, dass interkulturelle Begegnungen immer ein wechselseitiger Prozess sind. Flexibilität bedeutet dabei nicht, sich unkritisch allem anzupassen, sondern vielmehr, bewusst zu entscheiden, welches Verhalten in einer bestimmten Situation angemessen ist.

Schließlich geht es darum, Brücken zwischen verschiedenen Perspektiven zu bauen. Wer sich der kulturellen Unterschiede bewusst ist und dennoch mit Offenheit und Respekt auf andere zugeht, schafft die Grundlage für ein harmonisches und produktives Miteinander.

3.7 Die Balance zwischen Tradition und Innovation am Beispiel von beruflichen Rollen

In vielen Berufsfeldern zeigt sich, dass unsere Arbeitsweise und unser Auftreten weit mehr von den uns überlieferten Werten und traditionellen Vorstellungen geprägt sind, als man auf den ersten Blick vermuten mag. Die berufliche Rolle, die wir einnehmen, spiegelt nicht nur unsere individuellen Fähigkeiten und Ambitionen wider, sondern auch ein historisch gewachsenes System von Erwartungen, das sich in unserer Berufsgruppe, innerhalb unserer Institution und sogar in den politischen Rahmenbedingungen unseres Landes manifestiert. Es ist eine ständige Gratwanderung zwischen dem, was seit Jahrzehnten als richtig und bewährt gilt, und dem Drang, neue Ansätze und innovative Ideen zu verwirklichen.

Wer in seinem Arbeitsumfeld agiert, muss sich immer wieder fragen, wie er seine eigene Rolle definiert (vgl. Hegemann, 2024, S. 13). Diese Reflexion geschieht nicht nur im Stillen, sondern im Austausch mit Kolleginnen und Kollegen, Vorgesetzten und in Begegnungen mit Kunden oder Klienten. Dabei stellt sich unweigerlich die Frage: „Wie sehe ich meine eigene berufliche Rolle?" Es geht darum zu klären, in welchen Punkten man mit den Traditionen seiner Berufsgruppe übereinstimmt, etwa in Bezug auf bestimmte Kommunikationsformen, Hierarchiestrukturen oder Arbeitsweisen und wo man vielleicht bewusst von diesen Mustern abweicht, um frische Impulse einzubringen.

Diese innere Auseinandersetzung ist oft ein langwieriger Prozess, der mit Selbstkritik beginnt und in der

Entdeckung eigener Stärken mündet. Wenn man sich beispielsweise in einem Unternehmen befindet, in dem klare Hierarchien und festgelegte Kommunikationswege vorherrschen, kann es herausfordernd sein, einen innovativen Ansatz zu verfolgen, der Flexibilität und kreative Lösungsfindung fordert. Dabei ist es hilfreich, sich zu fragen, welche Elemente des traditionellen Rollenbildes man übernimmt und welche nicht. Solch ein Vergleich öffnet den Blick für alternative Handlungsmöglichkeiten und erlaubt es, die eigene Position sowohl innerhalb als auch außerhalb des etablierten Rahmens neu zu definieren.

Diese Balance zwischen Tradition und Innovation erfordert Mut und die Bereitschaft, eingefahrene Strukturen zu hinterfragen. Es geht nicht darum, alle traditionellen Werte über Bord zu werfen, sondern vielmehr darum, selektiv zu prüfen, inwiefern sie noch zeitgemäß sind und in welchen Bereichen ein Wandel notwendig erscheint. Oft entsteht in diesem Spannungsfeld eine Dynamik, die den Impuls liefert, bestehende Prozesse zu überdenken und neu zu gestalten. Die Frage, in welchen Punkten man mit den Traditionen der eigenen Berufsgruppe, Institution oder auch der staatlichen Rahmenbedingungen übereinstimmt, und in welchen nicht, ist dabei von zentraler Bedeutung.

In der Praxis begegnet man immer wieder Situationen, in denen ein veraltetes Rollenverständnis dem eigenen beruflichen Engagement im Wege stehen kann. Gleichzeitig bieten sich Chancen, durch den gezielten Bruch mit alten Mustern Raum für Entwicklung zu schaffen. Manchmal liegt die Lösung darin, bekannte

Pfade bewusst zu verlassen, um innovative Ansätze zu verfolgen, die den aktuellen Herausforderungen besser gerecht werden. Auf diese Weise kann die eigene berufliche Rolle zu einem dynamischen Instrument werden, das nicht nur den individuellen Erfolg fördert, sondern auch einen Beitrag zur Weiterentwicklung des gesamten Arbeitsumfeldes leistet.

Die kontinuierliche Auseinandersetzung mit der eigenen Rolle im Beruf erfordert daher ein hohes Maß an Selbstreflexion und die Bereitschaft, auch unbequeme Fragen zu stellen. Es ist ein Prozess, der nie wirklich abgeschlossen ist, sondern sich ständig an neue Gegebenheiten anpassen muss. In diesem Spannungsfeld zwischen bewährten Traditionen und dem notwendigen Innovationsgeist liegt die Chance, nicht nur persönlich zu wachsen, sondern auch die Arbeitswelt mitzugestalten.

3.8 Revision von Traditionen: Die Chance zum Wandel

Traditionen sind nicht statisch, sondern entwickeln sich im Laufe der Zeit. In interkulturellen Begegnungen wird deutlich, dass langgelebte Gewohnheiten und überlieferte Verhaltensmuster nicht immer den heutigen Herausforderungen gerecht werden. Es bedarf daher einer kontinuierlichen Überprüfung dessen, was als sinnvoll und bewährt angesehen wird, und dessen, was einer Anpassung bedarf. Dabei geht es nicht darum, die Vergangenheit pauschal abzulehnen, sondern vielmehr um den Mut, alte Muster zu hinterfragen und neu zu denken.

In vielen Bereichen des beruflichen und gesellschaftlichen Lebens haben sich bestimmte Traditionen über Jahre hinweg etabliert, weil sie einst funktionierten und Sicherheit vermittelten. Doch in einer global vernetzten Welt, in der unterschiedliche kulturelle Einflüsse zusammenwirken, kann das blinde Festhalten an bewährten Verfahren zu Barrieren werden, die Fortschritt und Innovation hemmen.

Die Frage, „Welche Traditionen haben sich für bestimmte Aufgaben weniger bewährt und sollen daher revidiert werden?" lädt dazu ein, kritisch zu reflektieren, welche Elemente eines überlieferten Rahmens noch zielführend sind und welche eher hinderlich wirken. Dieser Reflexionsprozess ist häufig von intensiven Diskussionen und dem Austausch unterschiedlicher Perspektiven begleitet. Es erfordert ein offenes Ohr und die Bereitschaft, die eigenen Vorstellungen infrage zu stellen. Traditionen tragen viel von der kollektiven Erfahrung in

138

sich, doch sie müssen immer wieder neu interpretiert werden, um den aktuellen Erfordernissen gerecht zu werden. Eine Institution, die beispielsweise auf hierarchische Strukturen setzt, mag in bestimmten Situationen von klaren Linien und Verantwortlichkeiten profitieren. Gleichzeitig können solche starren Strukturen in dynamischen Arbeitsumfeldern Innovation und Kreativität einschränken, wenn sie nicht flexibel genug sind, um auf neue Entwicklungen zu reagieren.

Im individuellen Kontext zeigt sich die Notwendigkeit zur Revision von Traditionen oft in einem inneren Dialog, in dem der Wunsch nach Sicherheit und Beständigkeit mit dem Streben nach persönlichem Wachstum und neuen Erfahrungen kollidiert. Diese Spannung zwischen Bewährtem und dem Drang nach Veränderung ist keineswegs ein Zeichen von Instabilität, sondern ein Hinweis darauf, dass die eigenen Werte und Vorstellungen lebendig und anpassungsfähig bleiben. Es erfordert Selbstreflexion, sich der eigenen Prägungen bewusst zu werden und zu überlegen, in welchen Bereichen die überlieferten Muster noch dienlich sind und wo sie den Blick für neue Möglichkeiten verstellen. In interkulturellen Kontexten kommt hinzu, dass traditionelle Rollenbilder und Arbeitsweisen nicht zwangsläufig universell gelten. Was in einem kulturellen Milieu als normal und selbstverständlich empfunden wird, kann in einem anderen als hinderlich oder gar restriktiv erlebt werden.

Der Dialog über die Revision von Traditionen bietet somit die Chance, Brücken zwischen Vergangenheit und Zukunft zu schlagen. Es entsteht Raum, in dem bewährte

Werte erhalten, aber zugleich neu interpretiert werden können, um den Herausforderungen der Gegenwart zu begegnen. Dabei zeigt sich, dass Wandel nicht durch das radikale Verwerfen des Alten erreicht wird, sondern durch eine behutsame Weiterentwicklung, die auf den Stärken der Tradition aufbaut. Dieser Prozess erfordert Engagement und Offenheit, aber auch die Bereitschaft, aus langjährigen Gewohnheiten auszubrechen und neue Wege zu erkunden. Die Revision von Traditionen wird so zu einer Chance, den Blick für das Wesentliche zu schärfen und sich gleichzeitig für Neues zu öffnen, ohne die eigene kulturelle Identität zu verlieren.

3.9 Inklusion: Die Vielfalt als Stärke

In einer Welt, in der kulturelle Prägungen und überlieferte Gewohnheiten unser Zusammenleben bestimmen, zeigt sich, dass nicht alle Gruppen gleichberechtigt am gesellschaftlichen Diskurs teilnehmen können. Es gibt Fälle, in denen tief verwurzelte Traditionen, oft unbewusst weitergegeben und selten hinterfragt, dazu führen, dass bestimmte Menschen vom allgemeinen Beratungs- und Unterstützungsangebot ausgeschlossen werden. Dieses Phänomen betrifft nicht nur einzelne Individuen, sondern ganze Gruppen, die aufgrund ihrer Herkunft, ihres Geschlechts oder anderer Merkmale systematisch benachteiligt werden. Es ist ein umtriebiger Prozess, der weit über die persönliche Ebene hinausreicht und sich in Institutionen und Strukturen manifestiert, die eigentlich allen Menschen zugutekommen sollten.

Die Herausforderung besteht darin, jene Traditionen zu identifizieren, die als Barriere wirken, und den Mut aufzubringen, sie neu zu überdenken. Das Vergangene soll nicht pauschal abgelehnt werden, sondern Elemente, die in unserer heutigen, vielfältigen Gesellschaft nicht mehr ihren Zweck erfüllen, sollen behutsam herausgearbeitet werden. Es ist ein kontinuierlicher Lernprozess, in dem das eigene Verhalten ebenso hinterfragt wird wie die institutionellen Vorgaben, die immer noch vorherrschen. Wenn beispielsweise alte Rollenbilder weiterhin als Standard dienen, ohne Raum für abweichende Identitäten zu lassen, führt dies unweigerlich zu einer Verengung des Angebots an Beratung und Unterstützung. Es braucht eine kritische Auseinandersetzung, die sowohl auf persönlicher als auch auf struktureller Ebene ansetzt.

Die Frage, welche Traditionen bestimmte Gruppen ausschließen, stellt einen wesentlichen Ausgangspunkt dar, um inklusive Strukturen zu schaffen. Indem man genau betrachtet, wie alte Muster wirken und welche Folgen sie im Alltag haben, lassen sich gezielt Maßnahmen entwickeln, die diese Ausschlüsse überwinden. Es geht darum, Räume zu öffnen, in denen Vielfalt als Bereicherung verstanden wird und in denen alle Menschen, unabhängig von ihren individuellen Hintergründen, gleichberechtigten Zugang zu Hilfe und Beratung finden. Diese Räume sollten so gestaltet sein, dass sie nicht nur als neutrale Treffpunkte fungieren, sondern aktiv den Dialog fördern und dazu einladen, alternative Perspektiven einzubringen.

Die Schaffung von inklusiven Strukturen erfordert ein hohes Maß an Empathie und den Willen, alte Denkmuster zu durchbrechen. Es bedarf eines tiefen Verständnisses für die Erfahrungen und Bedürfnisse derjenigen, die bislang am Rande des generellen Angebots standen. Dabei ist es wichtig, nicht in pauschale Kategorisierungen zu verfallen, sondern jeden Menschen in seiner Komplexität zu betrachten. Nur so kann es gelingen, individuelle Ressourcen zu mobilisieren und Barrieren abzubauen, die bislang als gegeben galten. Wenn Beratungseinrichtungen sich bewusst dafür entscheiden, auf die Vielfalt zu setzen und aktiv Brücken zu bauen, entsteht ein Klima, in dem jeder die Möglichkeit hat, sich einzubringen und Unterstützung zu erhalten. Ein Klima, das die Stärke der Vielfalt als Basis für gemeinsamen Fortschritt begreift.

3.10 Ethik interkultureller Beratung

Ethik ist ein innerer Kompass, der durch komplexe Situationen führt, besonders dann, wenn keine einfache Antwort bereitliegt. In der interkulturellen Beratung gewinnt dieser Kompass besondere Bedeutung. Denn hier treffen nicht nur Menschen aufeinander, sondern auch kulturelle Deutungsmuster, Normen, Werte und Weltanschauungen. Beratung, die über Sprach- und Kulturgrenzen hinweg wirksam sein will, braucht deshalb eine Ethik, die nicht nur professionell, sondern auch kulturell sensibel ist. Eine Ethik, die nicht belehrt, sondern zuhört. Die nicht beurteilt, sondern begleitet. Und die nicht vom Idealbild des Menschen ausgeht, sondern von seiner gelebten Vielfalt.

In interkulturellen Kontexten wird schnell deutlich, dass jede Beratung, bewusst oder unbewusst, auch eine Form der Grenzbewegung ist. Zwischen Nähe und Distanz. Zwischen Verstehen und Nichtverstehen. Zwischen den eigenen moralischen Maßstäben und denen des Gegenübers. Genau in diesen Grenzbereichen entscheidet sich, ob Beratung ethisch tragfähig ist.

Die zentrale ethische Grundhaltung interkultureller Beratung lautet deshalb: Ich weiß nicht, was für den anderen richtig ist, aber ich bin bereit, es gemeinsam mit ihm zu erkunden.

Diese Haltung verlangt vom Berater Demut statt Allwissenheit, Dialog statt Diagnostik, Präsenz statt Positionierung. Sie bedeutet, auch dann noch zuzuhören, wenn das Gehörte irritiert. Sie bedeutet, die eigene Macht zu reflektieren, ohne sich aus der Verantwortung zu ziehen. Und sie bedeutet, das eigene Wertesystem nicht als Maßstab, sondern als Hintergrundrauschen zu begreifen, das bewusst gemacht werden muss, um echten Kontakt zu ermöglichen.

Beratung ist immer eine asymmetrische Beziehung. Der Berater verfügt über Fachwissen, Sprache, institutionelle Zugehörigkeit, all das schafft ein Machtgefälle. In der interkulturellen Beratung verstärken sich diese Unterschiede häufig. Denn hinzu kommen nicht nur sprachliche und soziale Ungleichheiten, sondern oft auch emotionale Spuren von Diskriminierung, Migrationserfahrung, Unsicherheit oder Misstrauen gegenüber Behörden. Deshalb ist ein zentraler ethischer Grundsatz in der interkulturellen Beratung: Vertrauen ist keine Selbstverständlichkeit, es muss verdient werden.

Der Aufbau von Vertrauen braucht Zeit, Transparenz und eine klare Haltung. Es ist wichtig, keine falschen Versprechungen zu machen, sondern ehrlich über Ziele, Grenzen und Möglichkeiten der Beratung zu sprechen. Klienten müssen das Gefühl bekommen, dass ihre Lebenswirklichkeit nicht nur toleriert, sondern ernst genommen wird, auch wenn sie nicht mit der eigenen Perspektive übereinstimmt.

Gleichzeitig ist es eine ethische Aufgabe, Verantwortung zu übernehmen. Verantwortung dafür, Klienten nicht mit schwierigen Themen allein zu lassen. Verantwortung dafür, zwischen Respekt vor kulturellen Werten und dem Schutz vulnerabler Personen zu unterscheiden. Und Verantwortung dafür, sich selbst und das eigene Handeln kritisch zu hinterfragen, besonders dann, wenn Unsicherheit auftritt.

Ein besonders sensibles Feld ist die Frage nach kultureller Relativität. Wie weit reicht der Respekt vor kulturellen Traditionen und wo beginnt die ethische Pflicht zum Handeln? In solchen Situationen bietet die Ethik keine einfachen Rezepte. Aber sie bietet Kriterien für die Entscheidungsfindung. Respekt bedeutet also nicht Beliebigkeit. Es braucht ein sensibles Abwägen. Wo beginnt kulturelle Vielfalt und wo endet sie in struktureller Ungerechtigkeit oder Unterdrückung?

Ethik heißt in diesem Zusammenhang, nicht vorschnell zu urteilen, aber auch nicht blind zu relativieren. Es geht um den Mut zur Ambiguität und die Fähigkeit, in komplexen Situationen handlungsfähig zu bleiben, ohne zu verletzen.

Ein weiteres ethisches Fundament interkultureller Beratung ist die Schweigepflicht. Sie ist nicht nur rechtlich geregelt, sondern kulturell hochsensibel. Besonders bei Klienten mit Migrationsgeschichte, die schlechte Erfahrungen mit Institutionen oder Ämtern gemacht haben, kann das Vertrauen in Vertraulichkeit brüchig sein.

Es ist essenziell, offen und in einfacher Sprache über den Umfang und die Grenzen der Schweigepflicht aufzuklären, idealerweise auch in der Muttersprache der Klienten. Transparenz schafft Sicherheit. Sicherheit schafft Vertrauen. Und Vertrauen ist die Währung, in der interkulturelle Beratung funktioniert.

In der Praxis bedeutet dies: Auch in Gruppenberatungen oder Settings mit Dolmetschern müssen Vertraulichkeit und Datenschutz aktiv thematisiert werden. Denn das, was vielleicht in einem gewöhnlichen Beratungskontext selbstverständlich ist, muss in einem interkulturellen Rahmen erst gemeinsam ausgehandelt werden.

Nicht zuletzt bedeutet ethische Beratung auch, die eigenen Grenzen zu erkennen und zu respektieren. Es ist legitim und manchmal sogar notwendig, einen Fall abzugeben, wenn man sich emotional überfordert fühlt, kulturell zu sehr irritiert ist oder den Eindruck hat, nicht mehr hilfreich sein zu können. Diese Entscheidung ist kein Zeichen von Schwäche, sondern von ethischer Verantwortung.

Gleichzeitig ist es ein Akt der Professionalität, sich selbst immer wieder zu fragen, „Welche Werte bringe ich in die Beratung ein? In welchen Situationen neige ich zu vorschnellem Urteil? Wo überfordere ich mich selbst und damit auch meine Klienten? Wann und wo brauche ich selbst Unterstützung, z. B. durch Supervision?"

Ethik in der interkulturellen Beratung ist also kein fertiges Konzept, das auf jede Situation angewendet werden kann. Sie ist vielmehr eine dynamische Praxis, ein inneres Nachfragen, ein wiederholtes Innehalten. Sie entsteht im Dialog, mit sich selbst, mit den Klienten, mit Kollegen. Sie braucht Sprache, Raum und Mut.

Interkulturelle Ethik bedeutet, nicht nur "gut" zu handeln, sondern auch zu erkennen, was in einem bestimmten kulturellen Kontext als gut empfunden wird und was nicht. Es bedeutet, moralische Urteile zu hinterfragen, ohne moralisch gleichgültig zu werden. Und es bedeutet, Menschlichkeit über Systematik zu stellen, ohne in Beliebigkeit zu verfallen.

Am Ende ist ethische Beratung vielleicht die Kunst, mit Würde und Wachsamkeit im Ungewissen zu stehen und dort einen sicheren Ort für andere zu schaffen.

3.11 Selbstreflexion und Supervision im interkulturellen Setting

Methodisches Wissen und kulturelle Informationen reichen in der Beratung in interkulturellen Kontexten nicht aus. Sie fordert vom Berater eine beständige Arbeit an sich selbst. Denn in jeder Begegnung, ob bewusst oder unbewusst, wirken eigene kulturelle Prägungen, Werte und blinde Flecken mit. Was als "normal" oder selbstverständlich erscheint, ist selten universell. Genau hier liegt die Bedeutung von Selbstreflexion und Supervision. Sie ermöglichen es, das eigene Denken, Fühlen und Handeln im Spiegel professioneller und kultureller Vielfalt zu betrachten, zu hinterfragen und weiterzuentwickeln.

In der interkulturellen Beratung begegnen wir Menschen, die in ihren Lebensgeschichten, kulturellen Codes, Glaubenssystemen und Erfahrungen teils weit von unseren eigenen biografischen Horizonten entfernt sein können. Diese Differenz birgt eine Chance, aber auch ein Risiko. Ohne bewusste Selbstreflexion kann es schnell zu ungewollten Projektionen, vorschnellen Zuschreibungen oder sogar subtiler Reproduktion von Vorurteilen kommen, trotz bester Absicht.

Ein Beispiel: Wenn ein Berater selbst in einem sehr individualistisch geprägten Umfeld aufgewachsen ist, kann er Entscheidungen gegen die Herkunftsfamilie als Ausdruck von Selbstbestimmung deuten. In einem kulturellen Kontext, in dem Loyalität zur Familie jedoch ein hoher moralischer Wert ist, wirkt diese Deutung nicht nur fremd, sondern kann von Klienten als respektlos erlebt werden. Der Schlüssel liegt nicht im "richtig oder falsch", sondern in der Fähigkeit, sich der eigenen Perspektive bewusst zu werden, sie zu relativieren und Raum für die Perspektive der anderen zu schaffen. Diese Fähigkeit ist keine Methode, sondern eine Haltung und sie beginnt mit Selbstreflexion.

Selbstreflexion meint mehr als das gelegentliche Nachdenken über eigene Gefühle. Es geht um ein kontinuierliches, achtsames Sich-selbst-Beobachten, mit einem Blick auf innere Reaktionen, spontane Bewertungen, das eigene Schweigen, den Blickkontakt, das Gefühl von Nähe oder Distanz in einer Sitzung. Die zentrale Frage lautet: „Was in mir reagiert hier und warum?"

Gerade im interkulturellen Setting ist es daher hilfreich, sich immer wieder mit Fragen wie diesen auseinanderzusetzen: „Welche Bilder, Emotionen oder Stereotype habe ich, wenn ich Menschen aus dieser Kultur sehe oder höre? Was irritiert mich, was beeindruckt mich und was sagt das über mich? In welchen Momenten spüre ich Unbehagen und kann ich dieses Unbehagen als Lernmoment betrachten? Wo greife ich auf kulturelle Allgemeinplätze zurück, um mein Gegenüber zu 'verstehen', statt wirklich zuzuhören?"

Diese Fragen führen zu einer Art innerer Landkarte: Sie macht sichtbar, wo eigene Grenzen, kulturelle Prägungen und sogar blinde Flecken liegen. Erst wenn ich mich selbst gut kenne, kann ich anderen ohne Vorannahmen begegnen.

Selbstreflexion hat aber auch ihre Grenzen. Wir sehen nie alles, was wir tun, schon gar nicht, während wir es tun. Deshalb braucht es einen Ort, an dem unsere blinden Flecken nicht verurteilt, sondern behutsam sichtbar gemacht werden: die Supervision.

Supervision ist kein Zeichen von Schwäche, sondern von Professionalität. In der interkulturellen Arbeit ist sie sogar unverzichtbar. Denn sie eröffnet einen Raum, in dem Berater sich selbst und ihre Fälle mit einer dritten Perspektive betrachten können. Nicht um Antworten zu bekommen, sondern um Fragen zu schärfen. Die supervisorische Beziehung ist dabei oft der erste Ort, an dem bestimmte kulturelle Spannungen ausgesprochen werden dürfen, frei von Leistungsdruck, aber mit dem Ziel, sensibler zu werden.

In der Supervision kann zum Beispiel Folgendes geschehen: Ein Berater berichtet von einer Sitzung, in der er den Eindruck hatte, „nicht durchzukommen". Der Supervisor fragt nach den nonverbalen Reaktionen, den Erwartungen und den Rollenbildern beider Seiten und plötzlich wird deutlich: Es war nicht nur ein methodisches Missverständnis, sondern ein unbewusster Konflikt zwischen Beratungsverständnis und traditioneller Rollen.

Ein weiteres Beispiel: Ein Berater reflektiert die Tatsache, dass er Klienten aus bestimmten Herkunftsländern „immer besonders viel erklären" möchte. In der Supervision erkennt er, dass diese Haltung weniger mit den Klienten zu tun hat, als mit seiner eigenen Unsicherheit und der Sorge, kulturelle Unterschiede zu übersehen.

Solche Einsichten verändern den professionellen Blick. Sie machen nicht perfekt, aber bewusster und das ist der entscheidende Unterschied.

Interkulturelle Beratung verlangt nicht, jede Kultur im Detail zu kennen. Sie verlangt etwas viel Schwierigeres. Die Bereitschaft, nicht zu wissen. Eine Haltung, die der Ethnologe Clifford Geertz einmal als „dichte Beschreibung" (1987) bezeichnete. Ein Versuch, das Eigene im Fremden zu erkennen, ohne das Fremde zu vereinnahmen. In der Beratung heißt das: Fragen zu stellen, statt zu interpretieren. Zuhören, bevor man analysiert. Sich zurücknehmen, ohne sich aufzugeben.

Supervision unterstützt diese Haltung. Sie hilft, nicht in die Falle der Kulturalisierung zu tappen, in der alles Verhalten sofort mit der Herkunft erklärt wird. Gleichzeitig schützt sie davor, kulturelle Unterschiede zu bagatellisieren, also so zu tun, als seien wir alle in Allem gleich. Beides ist unproduktiv. Was stattdessen wächst, ist eine Form von demütiger Neugier, eine innere Offenheit, die sowohl Unterschiede würdigt als auch Gemeinsamkeiten erkennt.

Interkulturelle Begegnung bedeutet oft, sich selbst zu begegnen. In der Irritation liegt der Schlüssel zur Weiterentwicklung. Wer als Berater nie irritiert ist, hat wahrscheinlich aufgehört zuzuhören. In dieser Hinsicht sind Supervision und Selbstreflexion auch Formen der seelischen Hygiene. Sie entlasten, erden, relativieren und ermöglichen es, im Spannungsfeld zwischen Nähe und Distanz, Verstehen und Fremdheit zu arbeiten.

Denn interkulturelle Beratung ist keine Technik, sondern eine Beziehung. Und jede Beziehung verlangt Haltung. Diese Haltung entsteht nicht im Lehrbuch, sondern in der Auseinandersetzung mit dem eigenen Menschsein. Und genau hier, im geschützten Raum der Supervision und der ehrlichen Selbstreflexion, beginnt die wahre Professionalität.

4. Migration und Interkulturalität: Ein komplexes Zusammenspiel

4.1 Die Suche nach einer neuen Heimat

Bei der Migration geht es nicht nur um einen physischen Ortswechsel; sie ist ein vielschichtiger, innerer und äußerer Prozess, der das individuelle Selbstverständnis und das kollektive Bewusstsein gleichermaßen prägt.

Menschen, die sich auf den Weg in ein fremdes Land machen, tragen nicht nur ihre Habseligkeiten, sondern auch eine Geschichte, Hoffnungen und oft auch tief verwurzelte Sehnsüchte nach Zugehörigkeit in sich. Sie lassen hinter sich ein Umfeld, das ihnen vertraut war, um in einem neuen Raum den Versuch zu wagen, einen Ort zu finden, an dem sie als Teil einer Gemeinschaft anerkannt werden. Dabei sind wirtschaftliche, politische und persönliche Beweggründe eng miteinander verwoben.

Manch einer sucht Sicherheit vor Krieg oder Verfolgung, ein anderer erhofft sich wirtschaftliche Chancen oder will einfach dem Drang folgen, Neues zu entdecken. Dieser Schritt ist selten eine reine Entscheidung, sondern oft das Ergebnis eines langwierigen inneren Prozesses, in dem das Verlassen des Bekannten gleichzeitig als Verlust empfunden und als Chance für Neuanfang begriffen wird.

Die Suche nach einer neuen Heimat geht dabei mit erheblichen Herausforderungen einher. Die Migration führt Menschen in völlig unterschiedliche kulturelle Kontexte, in denen die vertrauten sozialen Normen und

Rituale plötzlich fremd erscheinen. Dabei wird die eigene Identität in Frage gestellt, und es entsteht das Bedürfnis, sich neu zu definieren. Das, was einst als selbstverständlich galt, die Sprache, Traditionen und der Blick auf das Leben, muss neu verhandelt werden. Die Begegnung mit anderen kulturellen Ausdrucksformen kann bereichernd wirken, birgt jedoch auch die Gefahr von Missverständnissen und dem Gefühl, nicht ganz dazuzugehören.

In dieser Spannung zwischen Vertrautem und Fremdem findet sich zugleich die Basis für Interkulturalität (Schlippe, El Hachimi, Jürgens, Özdemir, Bade, 2022). Menschen, die an einem neuen Ort ankommen, bringen ihre eigenen kulturellen Prägungen mit, während sie gleichzeitig den Reichtum anderer Traditionen aufnehmen. So entsteht ein Raum, in dem neue, hybride Identitäten entstehen können, die sich aus der Synthese alter und neuer Elemente speisen.

Die Prozesse, die in diesen Begegnungen ablaufen, sind oft komplex und individuell verschieden. Jeder Mensch reagiert anders auf den Verlust der alten Vertrautheit und die Herausforderung, sich in einem fremden sozialen Gefüge zurechtzufinden.

Dabei spielt auch die Art der Aufnahme in der neuen Gesellschaft eine zentrale Rolle. Eine offene, integrative Haltung der Aufnahmegesellschaft kann den Übergang erleichtern und das Gefühl der Entfremdung mildern. Auf der anderen Seite kann ein Mangel an Akzeptanz und das Festhalten an traditionellen Mustern der Exklusion zu Isolation und einer verstärkten Wahrnehmung des

Andersseins führen. Diese Dynamik macht deutlich, dass Migration als Grundlage der Interkulturalität nicht nur eine Frage des Ortswechsels ist, sondern auch ein intensiver Austausch von Werten und Perspektiven, bei dem beide Seiten gleichermaßen lernen und sich weiterentwickeln können.

Im Kern trägt die Migration dazu bei, bestehende kulturelle Grenzen zu hinterfragen und neue Formen des Zusammenlebens zu ermöglichen. Sie fordert alle Beteiligten heraus, nicht nur die eigene Kultur zu verteidigen, sondern auch die Vielfalt anzuerkennen und in den eigenen Lebenskontext zu integrieren. In diesem Licht betrachtet, wird deutlich, dass der Migrationsprozess, so komplex er auch sein mag, eine wesentliche Grundlage für interkulturelles Verständnis bildet. Migration ist also auch eine Grundlage für Interkulturalität (vgl. Pirmoradi, 2012, S. 18ff). Die Vielschichtigkeit menschlicher Erfahrungen soll gewürdigt und der Wandel, der daraus entsteht, als Chance begriffen werden.

4.2 Typen der Migration: Freiwillig und erzwungen

Migration ist ein vielschichtiger Prozess, der unterschiedliche Motive, Erfahrungen und Auswirkungen mit sich bringt. Man unterscheidet im Wesentlichen zwischen freiwillig-selbstbestimmter Migration und erzwungen-fremdbestimmter Migration (Pirmoradi, 2012, S. 28). Dabei gibt es unterschiedliche Push- und Pull-Faktoren. Push-Faktoren sind Abstoßungsfaktoren in der Heimatregion und Pull-Faktoren sind Anziehungsfaktoren in der Zuwanderungsregion (vgl. Şahinöz, 2020b, S. 13). All diese Begrifflichkeiten beschreiben sowohl den Migrationsprozess selbst, als auch die emotionalen, sozialen und kulturellen Folgen.

Menschen, die aus freien Stücken ihre Heimat verlassen, bewegen sich häufig auf der Suche nach besseren wirtschaftlichen Perspektiven, höherer Lebensqualität oder neuen Bildungsmöglichkeiten. Diese freiwillige Migration ist oft eng verknüpft mit dem Wunsch, den eigenen Lebensweg aktiv zu gestalten und sich selbst neue Räume der Entfaltung zu erschließen. In diesem Zusammenhang wird der Schritt ins Unbekannte als Chance wahrgenommen, in der eigenen Identität einen Wandel zu vollziehen und vielfältige kulturelle Einflüsse als Bereicherung zu integrieren. Dennoch sind auch freiwillige Migranten nicht frei von Herausforderungen. Der Wechsel in ein fremdes Land verlangt Anpassungsfähigkeit, Sprachkenntnisse und den Aufbau neuer sozialer Netzwerke, was häufig mit einem gewissen Maß an Verlustgefühl und Unsicherheit einhergeht, auch wenn der Migrationsprozess selbst als selbstbestimmt erlebt wird.

Im Gegensatz dazu stehen jene Menschen, die gezwungen werden, ihre Heimat zu verlassen, sei es aufgrund von Krieg, politischer Verfolgung, Umweltkatastrophen oder anderen gravierenden Krisen. Bei der erzwungen-fremdbestimmten Migration handelt es sich um einen abrupten und oft traumatischen Bruch mit der gewohnten Lebenswelt. Die Betroffenen erleben den Verlust von Zugehörigkeit, Sicherheit und vertrauten Strukturen als besonders schmerzhaft. Dieser Zwang zur Migration führt nicht selten zu einem anhaltenden Gefühl der Entwurzelung, da die Erfahrungen von Flucht, Vertreibung und oft auch von unmittelbarer Gewalt das emotionale Fundament erschüttern. Die daraus resultierenden psychischen Belastungen sind häufig intensiver, und der Integrationsprozess gestaltet sich aufgrund der erlebten Traumata und der ungewissen Perspektiven weitaus schwieriger als bei freiwilligen Migrationsprozessen.

Die Unterschiede zwischen beiden Migrationsformen wirken sich nachhaltig auf den Integrationsprozess und die Identitätsentwicklung der Betroffenen aus. Während freiwillig-selbstbestimmte Migranten ihre Entscheidung als einen Neuanfang und als Möglichkeit zur Selbstverwirklichung sehen, stehen erzwungen-fremdbestimmte Migranten oft vor der Herausforderung, sich in einem fremden System zurechtzufinden, in dem sie sich erst einmal behaupten und ihre Vergangenheit verarbeiten müssen. Dabei ist es nicht ungewöhnlich, dass die Grenzen zwischen freiwilliger und erzwungener

Migration in der Praxis verschwimmen, da ökonomische und politische Faktoren oftmals eng miteinander verknüpft sind. Menschen, die unter prekären Bedingungen flüchten, versuchen oft, ihre Situation im neuen Land durch Arbeit und soziale Teilhabe zu verbessern, während gleichzeitig die Narben der erzwungenen Vertreibung weiterwirken.

Die unterschiedlichen Ausgangsbedingungen erfordern maßgeschneiderte Unterstützungsangebote, die sowohl die Bedürfnisse von Migranten, die sich freiwillig und selbstbestimmt auf neue Lebenswege begeben, als auch die besonderen Herausforderungen derjenigen berücksichtigen, die unter Zwang migriert sind. Dabei spielt die gesellschaftliche Anerkennung der individuellen Migrationsgeschichten eine zentrale Rolle. Es geht darum, einen Raum zu schaffen, in dem beide Gruppen ihre Erfahrungen verarbeiten und in den Integrationsprozess einfließen können, ohne dass die einen ihre Selbstbestimmung vermissen und die anderen ihre erzwungene Flucht verharmlost sehen. Das Verständnis der unterschiedlichen Migrationsformen ist daher unerlässlich, um adäquate politische, soziale und kulturelle Maßnahmen zu entwickeln. Es bedarf eines sensiblen Umgangs mit den individuellen Schicksalen, der es ermöglicht, Flucht und Migration als komplexe Prozesse zu begreifen und den unterschiedlichen Ausgangslagen gerecht zu werden. Nur so kann es gelingen, die Potenziale beider Gruppen zu nutzen und ein harmonisches Zusammenleben in einer multikulturellen Gesellschaft zu fördern, in der sowohl Selbstbestimmung als auch der Schutz vor Zwang und Gewalt ihre Berechtigung finden.

4.3 Veränderungen im Gefüge

Migration bringt weitreichende Veränderungen in den familiären Gefügen mit sich, die sich auf vielfältige Weise bemerkbar machen. Wer seinen Heimatort verlässt, erlebt nicht nur einen Wechsel der geographischen Umgebung, sondern tritt auch in Kontakt mit neuen sozialen Normen, kulturellen Ausdrucksformen und alltäglichen Herausforderungen, die das familiäre Zusammenleben nachhaltig beeinflussen. Die neu entstehenden Dynamiken lassen sich kaum auf eine einfache Ursache zurückführen, da sich unterschiedliche Lebensrealitäten und Werte gegenüberstehen, die sowohl Konflikte als auch Chancen bergen können.

In vielen Fällen führt der Weg in ein fremdes Land zu einer Neuausrichtung von Rollen innerhalb der Familie. Traditionelle Hierarchien, die über Generationen hinweg Bestand hatten, werden auf den Prüfstand gestellt, wenn die Rahmenbedingungen sich radikal verändern. Eltern, die in ihrem Herkunftsland bestimmte Erwartungen an ihre Kinder hatten, stehen plötzlich vor der Herausforderung, diese Vorstellungen an einen neuen kulturellen Kontext anzupassen. Dabei kann es vorkommen, dass Kinder, die in der neuen Umgebung schneller die Sprache und Gepflogenheiten erlernen, zu Vermittlern zwischen den Kulturen werden und dadurch eine doppelte Verantwortung tragen. Dieser Wandel führt oft zu einer Umverteilung von Macht und Einfluss, da die hergebrachten Autoritätspositionen in Frage gestellt werden und alternative Formen des Zusammenlebens erprobt werden müssen.

Gleichzeitig verändern sich auch die zwischenmenschlichen Beziehungen innerhalb der Familie. Die Entfernung zur ursprünglichen Gemeinschaft und der gleichzeitige Aufbau neuer sozialer Netzwerke können das Gefühl der Zusammengehörigkeit sowohl stärken als auch belasten. Es entsteht eine Spannung zwischen der Bewahrung der eigenen kulturellen Identität und dem Bedürfnis, sich in der neuen Umgebung zu integrieren. Diese Zerrissenheit zeigt sich häufig in der Art und Weise, wie Familienmitglieder miteinander kommunizieren, ihre Erwartungen aneinander formulieren und Konflikte lösen. So kann es vorkommen, dass ältere Generationen an traditionellen Verhaltensweisen festhalten, während die Jüngeren sich eher an den neuen kulturellen Codes orientieren. Dieser Generationenkonflikt ist oft nicht nur eine Frage des Alters, sondern spiegelt tiefere Prozesse der Identitätsfindung wider, die mit dem Erleben von Migration untrennbar verbunden sind.

Auch der Aspekt der Transnationalität spielt eine bedeutende Rolle, wenn es um die Auswirkungen der Migration auf Familienstrukturen geht (vgl. Pirmoradi, 2012, S. 37ff). Familien sind heute häufig nicht mehr an einen einzigen Ort gebunden, sondern überbrücken mit regelmäßigen Besuchen, Telefonaten oder Videokonferenzen große Distanzen. Dies bringt einerseits die Möglichkeit, enge emotionale Bindungen aufrechtzuerhalten, andererseits aber auch Herausforderungen mit sich, da physische Nähe und direkte zwischenmenschliche Interaktionen nicht mehr selbstverständlich sind. Die Notwendigkeit, beide Welten, die alte und die neue, zu verbinden, kann zu einer Art parallel verlaufender Lebensrealitäten führen, in denen jeder Verlust an Vertrautheit mit der einen Umgebung durch die Hoffnung auf ein Wiedersehen gemildert wird. Doch diese Doppelbelastung kann auch zu einem Gefühl der Entwurzelung führen, wenn es gelingt, dass sich niemand vollständig in einer der beiden Welten zuhause fühlt.

Neben den emotionalen und sozialen Aspekten wird auch die ökonomische Dimension von Migration immer wichtiger. Der finanzielle Druck, der mit der Integration in einen neuen Arbeitsmarkt einhergeht, wirkt sich häufig auf die familiären Beziehungen aus. Wenn alle Familienmitglieder darum kämpfen, sich finanziell abzusichern, können Spannungen entstehen, die das harmonische Zusammenleben erschweren. Gleichzeitig bieten sich aber auch neue Chancen, da der Zugang zu einem anderen Wirtschaftsraum Möglichkeiten eröffnet, die im Herkunftsland vielleicht nicht gegeben waren. Diese Chancen werden allerdings oft durch bürokratische Hürden und Vorurteile begleitet, was wiederum zu einem erhöhten Stressniveau innerhalb der Familie führt.

Die Auswirkungen der Migration auf die familiären Strukturen lassen sich zudem als ein dynamischer Prozess begreifen, der ständigen Veränderungen unterworfen ist. Es gibt Phasen des Umbruchs, in denen alte Gewissheiten verloren gehen, und Phasen der Konsolidierung, in denen sich die Familie neu formiert und anpasst. Dieser kontinuierliche Wandel fordert alle Beteiligten heraus, sich ständig neu zu orientieren und flexibel auf die Veränderungen zu reagieren. Dabei ist es oft ein Balanceakt, den Spagat zwischen der Bewahrung von

Traditionen und der Anpassung an neue Lebensumstände zu meistern. Für viele Familien bedeutet dies, dass sie ihre eigenen Werte, Bräuche und Lebensweisen überdenken müssen, um in der neuen Umgebung zu bestehen, ohne ihre Wurzeln völlig zu verlieren.

Insgesamt zeigt sich, dass Migration weit mehr ist als ein rein physischer Akt des Ortswechsels. Sie beeinflusst die intime Struktur von Familien, verändert die Art der Kommunikation, verlagert Machtverhältnisse und stellt traditionelle Rollenbilder in Frage. Dabei entstehen nicht nur Herausforderungen, sondern auch Potenziale für persönliches und kollektives Wachstum. Die Familien, die diesen Prozess durchlaufen, sind gefordert, sich immer wieder neu zu definieren, um in einem komplexen Gefüge zwischen Alt und Neu, zwischen Vertrautheit und Fremdheit, ihren Platz zu finden. Diese kontinuierliche Anpassung, so schmerzhaft sie manchmal auch sein mag, ist gleichzeitig Ausdruck der lebendigen Dynamik, die das menschliche Miteinander prägt und immer wieder den Weg zu neuen, unerwarteten Möglichkeiten ebnet.

4.4 Interkulturelle Begegnung: Zwischen Vorurteilen und Vielfalt

Die Begegnung mit dem Anderen stellt einen wesentlichen Baustein unseres Zusammenlebens dar, der gleichermaßen von Chancen und Herausforderungen geprägt ist (vgl. Pirmoradi, 2012, S. 46ff). In diesen Momenten treffen unterschiedliche Lebensentwürfe, kulturelle Werte und persönliche Erfahrungen aufeinander, was nicht selten zu Missverständnissen und Vorurteilen führt. Es geschieht, dass sich Menschen unbewusst an alten Denkmustern orientieren, die in ihrer sozialen und kulturellen Prägung verankert sind. Diese Vorurteile manifestieren sich häufig in einer vorschnellen Beurteilung des Anderen, die es erschwert, dessen individuelle Persönlichkeit und die damit verbundene Vielfalt wirklich zu erkennen. Dabei birgt die Begegnung mit Menschen aus fremden Kulturen aber auch das Potenzial, den eigenen Horizont zu erweitern und neue Perspektiven zu entdecken.

Wer sich auf diese Begegnungen einlässt, lernt, dass jede kulturelle Prägung eigene Geschichten, Erfahrungen und Werte in sich trägt, die, wenn sie offen und unvoreingenommen betrachtet werden, zu einem tieferen Verständnis des Menschseins beitragen können (vgl. Şahinöz, 2020b). Es ist ein Prozess, der Mut erfordert, da er oft bedeutet, eigene vorgefasste Meinungen zu hinterfragen und bereit zu sein, sich auf Unbekanntes einzulassen. Dabei wird die Vielfalt nicht als zufällige Ansammlung von Unterschieden wahrgenommen, sondern als lebendiger Ausdruck der menschlichen Kreativität und als Grundlage für innovative

Lösungsansätze, die in homogen erscheinenden Strukturen oftmals verborgen bleiben.

Im Alltag begegnet uns diese Thematik in vielen Facetten, sei es im beruflichen Kontext, in interkulturellen Teams oder im gesellschaftlichen Diskurs. Die Herausforderung besteht darin, aktiv gegen diskriminierende Vorurteile anzukämpfen und stattdessen den Dialog zu suchen. Es ist entscheidend, dass jeder Einzelne lernt, die eigene Perspektive zu erweitern und den Blick für das Individuum hinter dem kulturellen Etikett zu schärfen. Indem man sich auf einen offenen Austausch einlässt und den Mut aufbringt, eigene Unsicherheiten anzuerkennen, kann ein Klima des gegenseitigen Respekts entstehen, in dem Vielfalt als bereichernde Ressource begriffen wird.

Dieses Bemühen erfordert nicht nur ein hohes Maß an Selbstreflexion, sondern auch die Bereitschaft, sich kontinuierlich weiterzuentwickeln. Wenn Menschen ihre eigene kulturelle Prägung kritisch hinterfragen, entsteht Raum für alternative Sichtweisen, die es ermöglichen, die starren Grenzen von Vorurteilen aufzubrechen. In einem solchen Prozess wird das Anderssein nicht als Bedrohung, sondern als Chance gesehen, die eigene Identität zu bereichern und zu erweitern. Auf diese Weise können interkulturelle Begegnungen dazu beitragen, Barrieren abzubauen und neue Formen des Zusammenlebens zu entwickeln, in denen Unterschiede als Grundlage für gemeinsames Wachstum genutzt werden.

4.5 Die Entwicklung des Selbst im kulturellen Kontext

Die Entwicklung des Selbst ist ein langwieriger, vielschichtiger Prozess, der sich im Zusammenspiel mit den kulturellen Rahmenbedingungen entfaltet. Menschen wachsen nicht in einem Vakuum auf, sondern werden von den sozialen, historischen und institutionellen Einflüssen ihrer Umgebung geprägt.

In manchen Gesellschaften, in denen persönlicher Erfolg und individuelle Freiheit hoch geschätzt werden, erfahren die Menschen, dass ihr Selbstverständnis maßgeblich durch die Betonung der eigenen Einzigartigkeit geformt wird. Dort stehen die eigenen Wünsche, Ambitionen und Leistungen im Vordergrund, und das Streben nach persönlicher Selbstverwirklichung wird als Weg zur Definition der eigenen Identität angesehen.

Gleichzeitig gibt es Kontexte, in denen das Selbst nicht isoliert betrachtet wird, sondern untrennbar mit den Beziehungen zu anderen verbunden ist. In solchen Umfeldern entsteht das Selbstverständnis aus einem intensiven Austausch mit der Familie, den Freunden und der weiteren Gemeinschaft. Die Identität wird dabei als ein dynamischer, ständig im Wandel begriffener Prozess erlebt, der sich aus dem Miteinander und der gegenseitigen Beeinflussung speist. Menschen in diesen Kulturen empfinden ihr Selbst als Teil eines größeren Ganzen, in dem das Wohl der Gemeinschaft oft über den persönlichen Interessen steht.

Diese beiden Ansätze, die sich in individualistischen und relationalen Selbstkonzepten (vgl. Pirmoradi, 2012, S. 82ff) niederschlagen, sind keine festen Kategorien, sondern eher Pole eines Spektrums, an dem sich die meisten Individuen orientieren. In der Praxis zeigt sich, dass Menschen in ihrer persönlichen Entwicklung Elemente beider Perspektiven in sich tragen. Wer in einem Umfeld aufwächst, das auf Selbstständigkeit setzt, muss sich irgendwann mit den Erwartungen auseinandersetzen, die das Zusammenleben in einer Gemeinschaft mit sich bringt. Umgekehrt erkennen jene, die in einem stark vernetzten sozialen Gefüge leben, oft den Wert und die Kraft, die in der persönlichen Autonomie liegen.

Die kulturelle Prägung wirkt sich nicht nur auf die Sichtweise des Einzelnen auf sich selbst aus, sondern auch auf die Art und Weise, wie er mit Herausforderungen umgeht und welche Lebensziele er verfolgt. Institutionen wie Schulen, Arbeitsplätze und auch Familien tragen ihren Teil dazu bei, dass Menschen ihre Identität im Kontext einer größeren sozialen Ordnung verstehen. Dabei ist es bemerkenswert, wie flexibel das Selbst in verschiedenen Phasen des Lebens reagiert: Ein Mensch kann in jungen Jahren den Schwerpunkt auf die Zugehörigkeit zu einer bestimmten Gruppe legen und im späteren Verlauf vermehrt eigene, persönliche Ziele in den Vordergrund rücken.

Der interkulturelle Austausch bietet hier die Chance, die eigene Selbstwahrnehmung zu hinterfragen und neu zu gestalten. Der Dialog zwischen verschiedenen kulturellen Traditionen kann dazu führen, dass starr gewordene Selbstbilder aufgebrochen werden und Raum für neue, integrative Sichtweisen entsteht. In solchen Begegnungen wird klar, dass die kulturellen Vorstellungen von Autonomie und Verbundenheit nicht als widersprüchliche, sondern als ergänzende Facetten menschlicher Existenz verstanden werden können. Jeder Mensch, egal aus welchem kulturellen Milieu er stammt, ist in der Lage, sich neu zu definieren und sich den Herausforderungen einer sich wandelnden Welt anzupassen.

Letztlich zeigt sich, dass die Entwicklung des Selbst in einem kulturellen Kontext ein lebendiger, kontinuierlicher Prozess ist, der immer wieder neu verhandelt wird. Es geht nicht darum, das eine Konzept über das andere zu stellen, sondern vielmehr darum, die unterschiedlichen Facetten der eigenen Identität als eine Bereicherung zu begreifen. Der ständige Austausch zwischen inneren Erfahrungen und äußeren Einflüssen führt zu einem facettenreichen Selbstverständnis, das es erlaubt, flexibel auf die Veränderungen der Umwelt zu reagieren und gleichzeitig die eigene kulturelle Herkunft zu würdigen.

4.6 Kulturelle Prägung familiärer Beziehungen

In der Betrachtung familiärer Beziehungen wird schnell deutlich, dass das Zusammenleben von Generationen und Paaren in verschiedenen kulturellen Milieus (vgl. Pirmoradi, 2012, S. 92ff) auf ganz unterschiedlichen Grundlagen beruht.

In einem Umfeld, in dem Autorität und Hierarchie tief verwurzelt sind, kann das familiäre Miteinander stark von klar definierten Rollen geprägt sein. Hier übernimmt der Älteste eine Rolle, die mehr dem formalen Anführer entspricht, während jüngere Mitglieder sich eher zurückhalten.

In anderen Kulturen hingegen, wo zwischenmenschliche Nähe und emotionale Verbundenheit im Mittelpunkt stehen, zeigen sich familiäre Interaktionen oft als ein dynamisches Geflecht aus wechselseitiger Unterstützung und offenen Gesprächen, bei denen Hierarchien weniger stark betont werden.

Diese Vielfalt an Paar- und familiendynamischen Konzepten ist nicht nur eine theoretische Unterscheidung. Sie wirkt sich unmittelbar auf die Art und Weise aus, wie Konflikte gelöst, Entscheidungen getroffen und emotionale Bindungen aufgebaut werden. Ein Paar, das in einem Kontext aufwächst, in dem Individualität und Selbstentfaltung einen hohen Stellenwert haben, wird sich möglicherweise eher auf einen partnerschaftlichen Dialog einlassen und seine Bedürfnisse offen aussprechen. Hingegen kann es in Gemeinschaften, in denen das Wohl der Familie über das individuelle Streben gestellt wird, schwieriger sein, persönliche Wünsche anzusprechen, ohne als egoistisch wahrgenommen zu werden.

Wer in der Beratung tätig ist, steht vor der Aufgabe, diese kulturellen Unterschiede nicht nur zu erkennen, sondern aktiv in den therapeutischen Prozess einzubeziehen. Es genügt nicht, allgemeine Ratschläge zu geben, die in einem Kulturkreis funktionieren, vielmehr muss zunächst das jeweilige Familiensystem in seinem eigenen Kontext verstanden werden. Das bedeutet, dass man sich eingehend mit den kulturellen Werten, den Traditionen und den erzählten Geschichten auseinandersetzen muss, die das familiäre Miteinander prägen. Dabei wird klar, dass es in manchen Kulturen sogar als normal gilt, Konflikte nicht direkt anzusprechen, während in anderen die offene Konfrontation als Zeichen von Ehrlichkeit und Engagement verstanden wird.

Die Herausforderung liegt darin, eine Balance zu finden zwischen dem Respekt vor den überlieferten Strukturen und dem Angebot neuer Perspektiven, die es erlauben, sich an veränderte Lebensumstände anzupassen. In interkulturellen Beratungssituationen kann dies bedeuten, dass man einerseits die bestehenden, oft generationsübergreifenden Muster wertschätzt, andererseits aber auch Raum für individuelle Entfaltung und Innovation schafft. Dabei ist es wichtig, die Familienmitglieder nicht als starre Träger traditioneller Rollen zu sehen, sondern als Menschen, die in einem komplexen Netzwerk aus Erwartungen und Erfahrungen leben und sich auch immer wieder neu definieren können. Wenn ein Berater sich dieser Vielfalt bewusst ist, gelingt es ihm, Brücken zu bauen zwischen den unterschiedlichen kulturellen Ansätzen. Der Blick auf die Familiendynamik wird so zu einem Wechselspiel aus Anerkennung und Erneuerung, bei dem alte Muster nicht pauschal verurteilt, sondern in einen Kontext gestellt werden, der Raum für persönliche Entwicklung und Veränderung bietet. Es ist ein ständiger Dialog, in dem die eigenen Werte hinterfragt werden und der den Betroffenen hilft, ihre familiären Beziehungen in einem neuen Licht zu betrachten, als etwas Lebendiges, das sich kontinuierlich wandelt und an die Herausforderungen der modernen Welt anpassen kann.

4.7 Kulturelle Sensibilität

Die Familienberatung und -therapie hat in den vergangenen Jahrzehnten einen bedeutenden Beitrag geleistet, um Familien in Krisenzeiten zu unterstützen und Konflikte zu bearbeiten. Dennoch zeigt sich zunehmend, dass viele der etablierten Ansätze auf Annahmen beruhen, die in einem eurozentrischen Kontext entstanden sind. Diese Modelle orientieren sich oft an bestimmten Vorstellungen von Familie, Rollenverteilung und Kommunikation, was dazu führen kann, dass kulturelle Unterschiede nicht ausreichend berücksichtigt werden. Es bedarf daher einer kritischen Selbstreflexion der therapeutischen und beraterischen Praxis, um zu erkennen, inwieweit diese Ansätze den Bedürfnissen von Menschen mit vielfältigen kulturellen Hintergründen gerecht werden.

Wenn Beratung und Therapie auf einem festen Rahmen basiert, der von einem bestimmten Verständnis von Individualität, Autonomie und klar strukturierten Hierarchien ausgeht, kann dies zu Spannungen führen, wenn Klienten aus Kontexten kommen, in denen das Selbst und die familiären Beziehungen in einem stärker kollektiv geprägten Rahmen verortet sind. Solche kulturellen Diskrepanzen können dazu führen, dass die therapeutischen Methoden nicht nur unzureichend wirken, sondern sogar weitere Konflikte hervorrufen. Es ist daher unabdingbar, die eigenen theoretischen Fundamente und praktischen Vorgehensweisen zu hinterfragen, um einen egozentrischen Bias zu überwinden und Beratungsangebote zu entwickeln, die flexibel auf unterschiedliche kulturelle Realitäten eingehen.

Die kulturkritische Reflexion in der Familienberatung und -therapie erfordert ein offenes Ohr für alternative Familienkonzepte und die Bereitschaft, traditionelle Modelle ständig zu hinterfragen. Dies bedeutet, dass Therapeuten und Berater aktiv nach den kulturellen Prämissen suchen müssen, die ihr eigenes Denken und Handeln prägen, und diese im Dialog mit den Klienten thematisieren sollten. Es geht darum, die unterschiedlichen Selbst- und Familienbilder zu verstehen, die in verschiedenen kulturellen Kontexten vorherrschen, und die daraus resultierenden Dynamiken in den therapeutischen Prozess zu integrieren. Ein solch reflektierter Ansatz ermöglicht es, nicht nur auf die Symptome von Konflikten einzugehen, sondern auch die tieferliegenden kulturellen Muster zu erkennen, die das Erleben und die Interaktionen innerhalb der Familie maßgeblich beeinflussen.

Dieser Prozess des Hinterfragens und Anpassens ist kein einfacher, sondern erfordert Mut zur Veränderung und die Bereitschaft, alte Denkmuster zu verlassen. Dabei steht nicht die pauschale Ablehnung von Traditionen im Vordergrund, sondern vielmehr die differenzierte Betrachtung dessen, was in einem bestimmten kulturellen Kontext als hilfreich oder hinderlich empfunden wird. Ein offener Dialog über die eigenen Vorannahmen und die damit verbundenen Grenzen kann den Weg zu inklusiveren und passgenaueren Beratungsstrategien ebnen, die den individuellen Lebenswelten der Betroffenen gerecht werden.

Die kulturkritische Auseinandersetzung mit familientherapeutischen Ansätzen bietet die Chance,

Beratungsmodelle zu entwickeln, die die Vielfalt menschlicher Erfahrungen als Bereicherung nutzen. Indem man bereit ist, den eigenen egozentrischen Blickwinkel zu überwinden, können neue, integrative Wege gefunden werden, die den komplexen Realitäten moderner Familien besser gerecht werden. Es geht darum, Brücken zu bauen zwischen unterschiedlichen kulturellen Perspektiven, um so eine zeitgemäße und ganzheitliche Unterstützung anzubieten, die den Menschen in ihrer ganzen Vielfalt begegnet.

4.8 Vertrauen durch kulturelles Verstehen

Eine kultursensitive therapeutische Beziehung ist das Fundament für eine erfolgreiche Beratung und Therapie (vgl. Pirmoradi, 2012, S. 154). Menschen bringen ihre kulturellen Prägungen in jede Begegnung ein, in ihre Art zu kommunizieren, in ihre Erwartungen an Beziehungen und in ihr Verständnis von Heilung und Veränderung. Eine Beratung und Therapie, die diesen Faktoren keine Beachtung schenkt, läuft Gefahr, an den Lebensrealitäten der Klienten vorbeizugehen. Es reicht nicht aus, sich lediglich theoretisch mit kulturellen Unterschieden zu befassen. Vielmehr muss eine tiefgehende, authentische Haltung der Offenheit entwickelt werden, die es ermöglicht, kulturelle Bedeutungen zu erkennen und wertzuschätzen.

Die verbale und nonverbale Kommunikation spielt dabei eine zentrale Rolle. In manchen Kulturen ist es selbstverständlich, Emotionen direkt auszudrücken und Probleme offen zu benennen. In anderen hingegen wird Zurückhaltung als Zeichen von Respekt oder als Mittel zur Wahrung der Ehre empfunden. Kultursensitive Therapeuten und Berater sollten in der Lage sein, diese Nuancen wahrzunehmen und nicht vorschnell bestimmte Kommunikationsnormen als Maßstab anzulegen. Das bedeutet auch, sich mit nonverbalen Signalen vertraut zu machen. Der Blickkontakt, die Körperhaltung oder die physische Distanz können kulturell unterschiedlich gedeutet werden und beeinflussen den Aufbau von Vertrauen.

Ein weiterer zentraler Aspekt ist das Verstehen der kulturellen Bedeutung von Krankheit, Heilung und persönlicher Verantwortung (vgl. Şahinöz, 2020b). In einigen Kulturen wird psychisches Leiden als ein spirituelles oder schicksalhaftes Ereignis betrachtet, das nicht in erster Linie individuell bewältigt werden muss, sondern in einen größeren gesellschaftlichen oder religiösen Rahmen eingebettet ist. Wenn Therapeuten diesen Rahmen nicht berücksichtigen, kann dies zu Missverständnissen und Widerständen führen. Eine sensible Herangehensweise erfordert daher nicht nur Empathie, sondern auch die Bereitschaft, die individuellen Erklärungsmodelle und Ressourcen der Klienten ernst zu nehmen.

Eine kultursensitive Beziehung bedeutet jedoch nicht, dass Therapeuten und Berater sich in stereotype Vorstellungen über kulturelle Gruppen flüchten oder jeden Klienten zwangsläufig anhand seiner kulturellen Herkunft definieren. Es geht vielmehr darum, einen offenen Raum zu schaffen, in dem Menschen sich mit ihrer persönlichen Geschichte verstanden fühlen. Das Bewusstsein für Kultur sollte daher nicht als feststehender Wissenskatalog über "die anderen" verstanden werden, sondern als dynamischer Prozess des gegenseitigen Verstehens. Jede biografische Erfahrung ist einzigartig, auch innerhalb einer bestimmten kulturellen Tradition.

Die therapeutische Beziehung wird durch all diese Aspekte gestärkt. Wenn sich Klienten verstanden fühlen, wächst das Vertrauen, das für jede tiefgehende Veränderung notwendig ist. Dieses Vertrauen entsteht nicht durch eine bloße Anpassung an kulturelle

Unterschiede, sondern durch eine echte, wertschätzende Haltung. Ein sensibler Umgang mit Sprache, mit Kommunikationsstilen und mit den Vorstellungen über Heilung schafft eine Atmosphäre, in der sich Menschen öffnen können, ohne Angst haben zu müssen, in ihrer Identität missverstanden oder abgewertet zu werden.

Kultursensitive Beratung und Therapie bedeutet nicht, sich in einem endlosen Spagat zwischen verschiedenen kulturellen Erwartungen zu verlieren, sondern sich selbst als Lernende in einem kontinuierlichen Dialog mit den Klienten zu verstehen. Durch diese Haltung wird der therapeutische Prozess nicht nur effektiver, sondern auch menschlicher. Es ist dieser respektvolle und offene Austausch, der eine vertrauensvolle Beziehung entstehen lässt. Eine Beziehung, die den Raum für Veränderung und Wachstum eröffnet.

5. Interkulturelle Systemische Familienberatung bei Migrantenfamilien

5.1 Die Bedeutung des Familiensystems für Migrantenfamilien

In der Arbeit mit Migrantenfamilien zeigt sich immer wieder, wie zentral das Familiensystem für das Erleben und Bewältigen der Migrationserfahrung ist. Viele Familien, die nach Deutschland gekommen sind, stammen aus kulturellen Kontexten, in denen die Bedeutung von Gemeinschaft, familiärem Zusammenhalt und gegenseitiger Unterstützung tief verankert ist (vgl. Şahinöz, 2024c). Die Familie fungiert hier nicht nur als soziales Netz, sondern auch als emotionaler Schutzraum, insbesondere dann, wenn die äußeren Umstände durch Unsicherheit, Sprachbarrieren, kulturelle Fremdheit oder Erfahrungen von Ausgrenzung geprägt sind. In einer neuen, oft unübersichtlichen Umgebung bleibt die Familie häufig der einzige verlässliche Ankerpunkt.

Die systemische Familienberatung bietet in diesem Zusammenhang ein wertvolles Instrumentarium. Sie arbeitet mit der Komplexität der Beziehungen innerhalb der Familie und nimmt zugleich deren kulturelle Einbettung ernst. Anstatt Defizite zu diagnostizieren, macht sie vorhandene Ressourcen sichtbar und fördert die Selbstwirksamkeit der Beteiligten. So können innerfamiliäre Kommunikationsmuster verstanden, gestärkt oder verändert werden, ohne dabei zentrale kulturelle Werte zu verletzen.

Vielmehr geht es darum, Brücken zu bauen zwischen tradierten Lebensformen und den Anforderungen des Lebens in einer neuen Gesellschaft. Die Methode ermöglicht es, Spannungen zwischen den Generationen oder zwischen unterschiedlichen Lebensrealitäten so zu bearbeiten, dass der familiäre Zusammenhalt nicht gefährdet, sondern gestärkt wird.

In der systemischen Perspektive wird die Familie nicht als Problemträgerin betrachtet, sondern als bedeutende Ressource für die Integration. In ihr werden Werte weitergegeben, Sprache gelernt, Alltagskompetenzen entwickelt und emotionale Rückhalt vermittelt. Gerade in einem neuen gesellschaftlichen Kontext, in dem vieles zunächst fremd ist, bleibt die Familie der Ort, an dem Identität erhalten, entwickelt und neu verhandelt werden kann.

Die systemische Familienberatung unterstützt dabei, diesen Prozess bewusst zu gestalten. Nicht durch Anpassung um jeden Preis, sondern durch gegenseitiges Verstehen und durch das Ermöglichen eines Miteinanders, das sowohl kulturelle Wurzeln achtet als auch neue Wege zulässt.

5.2 Rolle von geschlechtsspezifischen Unterschieden bei der Beratung

Geschlechtsspezifische Unterschiede spielen in einigen Kulturen eine wichtige Rolle. Diese Unterschiede können die Kommunikation innerhalb der Familie und somit auch den Beratungsprozess beeinflussen.

In vielen traditionellen Familien wird der Mann als Hauptentscheidungsträger angesehen. Frauen übernehmen oft die Hauptverantwortung für die Kindererziehung und den Haushalt. Männer und Frauen kommunizieren oft unterschiedlich. Männer tendieren eher zu direkter Kommunikation, während Frauen indirektere Kommunikationsformen bevorzugen.

Eine Herausforderung ist dabei ein bestehendes Machtungleichgewicht. Dies kann die offene Kommunikation erschweren. Männer und Frauen können unterschiedliche Perspektiven auf ein Problem haben. Zudem können kulturelle Erwartungen an Männer und Frauen die Bereitschaft zur Veränderung beeinflussen.

Ein weiterer Aspekt geschlechtsspezifischer Unterschiede betrifft das Scham- und Ehrgefühl, das in manchen Kulturen stark mit den Rollen von Männern und Frauen verknüpft ist. Themen wie Partnerschaftskonflikte, Sexualität oder psychische Belastungen werden häufig tabuisiert, insbesondere, wenn sie das Bild der "ehrenhaften Frau" oder des "starken Mannes" infrage stellen. Diese Tabus können dazu führen, dass wichtige Themen nicht benannt werden oder Gespräche abrupt abgebrochen werden. Der Berater muss daher mit viel

Fingerspitzengefühl vorgehen, nonverbale Signale deuten und gegebenenfalls über alternative Gesprächswege eine vertrauensvolle Atmosphäre schaffen.

Auch die Gruppenkonstellation in der Beratung spielt eine Rolle. In gemischtgeschlechtlichen Settings kann es sein, dass weibliche Klientinnen sich weniger offen äußern, vor allem, wenn männliche Familienangehörige anwesend sind. In solchen Fällen kann es hilfreich sein, Einzelgespräche anzubieten. So bekommen alle Beteiligten den Raum, ihre Sichtweisen in einem geschützten Rahmen auszudrücken. Ein kultursensibler Umgang mit Geschlecht ist somit kein Sonderthema, sondern ein integraler Bestandteil professioneller interkultureller Familienberatung.

Daher ist eine Sensibilisierung in der Beratung notwendig. Der Berater muss sich der eigenen und der kulturellen Geschlechterrollen bewusst sein und individuelle Unterschiede berücksichtigen. Nicht alle Männer und Frauen entsprechen den traditionellen Geschlechterrollen. Der Berater kann aktiv darauf hinwirken, dass alle Familienmitglieder gleichberechtigt an der Beratung teilnehmen.

In dem die unterschiedlichen Kommunikationsmuster von Männern und Frauen berücksichtigt werden, können auch kulturelle Aspekte in die Beratung integriert werden, um eine erfolgreiche Veränderung zu ermöglichen.

5.3 Kompatibel mit Migrantenfamilien

Die systemische Familienberatung zeichnet sich durch eine Grundhaltung aus, die in besonderer Weise mit den Lebensrealitäten von Migrantenfamilien kompatibel ist (vgl. Şahinöz, 2024c, 2024d, 2025b).

Im Zentrum steht dabei nicht das Individuum, sondern die Familie als soziales Gefüge, als dynamisches System von Beziehungen, in dem sich Belastungen ebenso wie Stärken manifestieren. Gerade in vielen migrantischen Lebenskontexten hat die Familie eine tragende Bedeutung: Sie ist nicht nur ein Ort des Zusammenlebens, sondern auch ein kulturelles Zentrum, in dem Werte, Traditionen, Sprache und Identität weitergegeben und gepflegt werden. Systemische Beratung begegnet dieser Realität mit einer respektvollen Haltung und betrachtet die Familie als eine Einheit, in der Lösungen gemeinsam entwickelt und getragen werden können.

Der ressourcenorientierte Ansatz dieser Methode kommt den Stärken vieler Migrantenfamilien entgegen. Berater suchen nicht nach Defiziten, sondern nach bereits vorhandenen Fähigkeiten, Kompetenzen und Strukturen. In Familien, die durch Migrationserfahrungen geprägt sind, können dies etwa eine ausgeprägte Resilienz, eine tiefe emotionale Bindung untereinander, ein starker Gemeinschaftssinn oder das Vertrauen auf religiöse und kulturelle Werte sein. Diese Elemente werden nicht problematisiert, sondern als tragende Säulen eines positiven Veränderungsprozesses sichtbar gemacht. Auf diese Weise wird nicht nur die Autonomie der Familie gestärkt, sondern auch ihre Handlungsfähigkeit erweitert.

Ein weiteres zentrales Merkmal ist der lösungsorientierte Zugang. Es geht weniger darum, Probleme zu analysieren oder in ihrer Vergangenheit zu verorten, sondern vielmehr darum, gemeinsam nach gangbaren Wegen in die Zukunft zu suchen. Gerade für Familien, die täglich mit neuen Herausforderungen konfrontiert sind, seien es bürokratische Hürden, sprachliche Barrieren, schulische Anforderungen oder Diskriminierungserfahrungen, ist diese pragmatische Herangehensweise besonders hilfreich. Sie stärkt die Fähigkeit, auf Situationen flexibel zu reagieren und selbstbewusst Entscheidungen zu treffen, ohne sich dauerhaft von Belastungen blockieren zu lassen.

In vielen Migrantenfamilien werden Konflikte oft indirekt oder metaphorisch kommuniziert, um Harmonie zu wahren. Systemische Techniken wie Reframing oder der Einsatz von Metaphern nutzen diese indirekten Stile, um Probleme neu zu kontextualisieren. Ein Beispiel: Die Umdeutung von "übertriebener Fürsorge" einer Mutter als Ausdruck von "tiefer Verbundenheit" kann Widerstände abbauen und Lösungsräume öffnen.

Die systemische Haltung, Familien als Experten ihres eigenen Systems anzuerkennen, vermeidet Machtkämpfe mit traditionellen Autoritätsfiguren (z. B. dem Familienoberhalt). Stattdessen werden hierarchische Strukturen zunächst akzeptiert und schrittweise durch zirkuläre Fragen („Was würde Ihr Vater dazu sagen?") in Richtung flexiblerer Rollen gestaltet. Dies ermöglicht Veränderung, ohne kulturelle Tabus zu verletzen.

Diasporafamilien navigieren häufig Spannungen zwischen Herkunftskultur und Aufnahmegesellschaft. Die systemische Therapie adressiert diese kulturellen Dissonanzen durch die Analyse von Anpassungsmustern: Wie wird "Erfolg" in der Familie definiert? Welche Loyalitätskonflikte entstehen bei der Integration neuer Werte? Hier helfen Techniken wie das Externalisieren von Problemen (z. B. "Der Generationskonflikt" als externer Akteur), um Schuldzuweisungen zu vermeiden.

Psychische Probleme werden in einigen Kulturen oft tabuisiert. Indem die systemische Therapie die Familie als Team adressiert und Symptome (z. B. Schulverweigerung) als Hinweis auf systemische Spannungen interpretiert, wird die individuelle Stigmatisierung umgangen. Dies fördert die Akzeptanz der Therapie als familienstärkenden Prozess.

Adaptive Methoden, die kulturelle Spezifika berücksichtigen, sind in der interkulturellen Beratung besonders hilfreich. Dabei kann es sinnvoll sein, Rituale und symbolische Handlungen in die Beratung zu integrieren. So kann beispielsweise eine gemeinsame Teezeremonie nicht nur zur Beruhigung beitragen, sondern auch einen vertrauten Gesprächsrahmen schaffen, der den Dialog erleichtert.

Ein weiterer wichtiger Aspekt ist die sogenannte respektvolle Neugier. Dabei geht es darum, kulturelle Werte offen zu erkunden, ohne diese moralisch zu bewerten oder vorschnell zu hinterfragen. Das Ziel ist es, die Bedeutung dieser Werte für die Ratsuchenden zu verstehen und in den Beratungsprozess einzubeziehen.

Gerade bei Jugendlichen ist die Arbeit an hybriden Identitäten von großer Bedeutung. Viele junge Menschen mit Migrationshintergrund stehen vor der Herausforderung, verschiedene kulturelle Einflüsse miteinander zu verbinden. Die Beratung kann sie dabei unterstützen, eine eigene Synthese zu entwickeln, etwa indem sie sowohl die emotionale Herzlichkeit ihrer Herkunftskultur als auch die strukturelle Klarheit der Mehrheitsgesellschaft als Teil ihrer Identität annehmen.

Die systemische Familientherapie bietet durch ihre Betonung von Beziehungsdynamiken, Anpassungsfähigkeit und Respekt vor bestehenden Strukturen ein ideales Gerüst für die Arbeit mit Migrantenfamilien. Sie ermöglicht es, kulturelle Werte wie Kollektivität und Harmonie nicht als Barrieren, sondern als Ressourcen für Veränderung zu nutzen. Gleichzeitig erfordert sie eine kritische Reflexion des Therapeuten über eigene kulturelle Prägung, um Stereotype zu vermeiden und individuelle Familienrealitäten angemessen zu erfassen.

Die Offenheit und Anpassungsfähigkeit der systemischen Familienberatung machen sie zudem zu einem Werkzeug, das auf sehr unterschiedliche Lebensentwürfe und kulturelle Kontexte eingehen kann. Die Beratung folgt keinem starren Schema, sondern ist geprägt von Neugier und Respekt gegenüber der Vielfalt familiärer Wirklichkeiten. Jede Familie bringt ihre eigene Geschichte mit, ihre eigenen Regeln, Hoffnungen und Herausforderungen. Systemische Berater begegnen diesen Unterschieden nicht mit normativen Maßstäben, sondern mit echtem Interesse und gestalten gemeinsam mit der Familie einen Raum, in dem neue Sichtweisen entstehen und Entwicklung möglich wird.

5.4 Interkulturelle Aspekte: Herausforderungen und Chancen

Die interkulturelle Beratung stellt ein komplexes Beziehungsgeflecht dar, in dem sich strukturelle Rahmenbedingungen, kulturelle Codierungen und individuelle Biografien überlagern. Migration fungiert hier als Katalysator, der traditionelle Familienmuster destabilisiert und gleichzeitig ungenutzte Ressourcen freisetzt. Ein Spannungsfeld, das systemische Interventionen vor besondere Herausforderungen stellt.

In vielen migrantischen Familien spielt Sprache eine große Rolle, aber nicht immer im positiven Sinne. Wer sich sprachlich überfordert fühlt, zieht sich oft zurück. In solchen Fällen können praktische, handlungsorientierte Methoden wie gemeinsames Kochen oder kreative Gruppenübungen helfen. Dabei erleben die Familien, dass sie etwas können, ganz ohne viele Worte. Das stärkt das Selbstvertrauen und eröffnet neue Wege der Verständigung, besonders über nonverbale Signale. Einfache Aktivitäten können so viel mehr sein als Zeitvertreib. Sie werden zu einem Schlüssel für Vertrauen und Selbstwirksamkeit.

Sprachliche Barrieren sind oft vielschichtiger, als sie auf den ersten Blick erscheinen. Es geht nicht nur darum, Wörter richtig zu übersetzen. Dolmetscher können zwar die sprachliche Verständigung ermöglichen, doch in der Beratung spielt auch das, was zwischen den Zeilen mitschwingt, eine große Rolle. Viele kulturelle Bedeutungen, Gefühle oder feine Zwischentöne lassen sich nicht einfach in eine andere Sprache übertragen.

186

Deshalb reicht es nicht aus, Sprachmittlung nur technisch zu denken. Sie muss immer mit einem kultursensiblen Umgang verbunden sein. Dazu gehört auch, offen über unausgesprochene Machtverhältnisse zu sprechen, die in solchen Gesprächssituationen entstehen können, etwa, wenn eine dritte Person als Vermittler fungiert und dabei Einfluss auf das Gespräch nimmt. Nur wenn solche Dynamiken mitbedacht und angesprochen werden, kann ein echtes Verstehen gelingen.

Personalpolitik wird zur Schlüsselfrage interkultureller Kompetenz. Die Frage, wer in Beratungsteams arbeitet, ist daher entscheidend für den Umgang mit kultureller Vielfalt. Es reicht nicht, Menschen mit Migrationshintergrund allein deshalb einzustellen, weil sie eine bestimmte Kultur "repräsentieren". Viel wichtiger ist das praktische Wissen, das sie über kulturelle Übergänge und Verständigung mitbringen. Z. B. wechseln mehr-sprachige Therapeuten in emotional belastenden Momenten gezielt in die Muttersprache, etwa, wenn ein Klient über traumatische Erlebnisse spricht. Dieser scheinbar kleine Sprachwechsel hilft, eine sichere Atmosphäre zu schaffen und schwierige Themen behutsamer anzusprechen. Solche feinen Interventionen setzen jedoch voraus, dass es im Team Raum für Austausch und Reflexion gibt. Nur so lässt sich vermeiden, dass Menschen auf ihre Herkunft reduziert werden und ihre Fähigkeiten in stereotype Rollen gepresst werden.

Kulturelle Stärken zeigen erst dann ihre volle Wirkung, wenn sie auch von der Gesellschaft anerkannt werden. Was in einem Herkunftsland als wertvolle familiäre

Unterstützung gilt, kann in anderen Gesellschaften schnell falsch verstanden werden. So wird ein enges Familiennetzwerk, das dort als Zeichen von Fürsorge gesehen wird, woanders manchmal als übertrieben oder kontrollierend beurteilt. Die systemische Beratung hat hier eine wichtige Vermittlungsaufgabe. Sie muss helfen, beide Sichtweisen zu verstehen und miteinander ins Gespräch zu bringen. Dabei geht es darum, die Balance zu finden zwischen dem Wunsch nach individueller Freiheit und dem hohen Stellenwert gemeinschaftlicher Verantwortung.

Auch kleine Dinge wie ein Blick oder ein Händedruck können in der Beratung große Wirkung haben, vor allem, wenn Menschen aus verschiedenen Kulturen aufeinandertreffen. Was in einer Kultur als Zeichen von Respekt gilt, kann in einer anderen schnell als unhöflich oder sogar bedrohlich empfunden werden. Zum Beispiel bedeutet intensiver Blickkontakt in einigen Kulturen oft Wertschätzung, während andere Klienten diesen als zu direkt oder unangenehm empfinden könnten. Solche feinen Unterschiede zeigen, wie wichtig es ist, achtsam zu sein. Berater sollten sich regelmäßig selbst hinterfragen und mit anderen darüber sprechen, wie ihre eigene kulturelle Prägung ihr Verhalten beeinflusst. Supervision bietet dafür einen geschützten Raum und hilft, blinde Flecken zu erkennen.

Gesetze und rechtliche Vorgaben beeinflussen die Beratungspraxis direkt. Wenn der Aufenthaltsstatus unsicher ist, leben viele Familien in ständiger Anspannung. Diese innere Unruhe kann sich in der Beratung durch Rückzug, Misstrauen oder scheinbar fehlende Mitarbeit zeigen. Doch oft steckt keine Ablehnung dahinter, sondern schlicht Angst. Besonders schwierig wird es, wenn junge Geflüchtete ihre traumatischen Erlebnisse gar nicht offen ansprechen, etwa aus Angst vor Abschiebung. Sie geraten in einen Loyalitätskonflikt. Sollen sie ehrlich über ihre Vergangenheit sprechen oder lieber schweigen, um zu bleiben? Solche Situationen stellen Berater vor große Herausforderungen, auch auf ethischer Ebene. Hier braucht es viel Fingerspitzengefühl und eine klare Haltung.

Manchmal wirken Entscheidungen von Eltern zunächst unverständlich, etwa wenn sie ihr Kind nicht auf eine Klassenfahrt schicken. Dabei geht es oft gar nicht um eine Ablehnung der Schule oder der Klassenfahrt, sondern um eine andere tiefe Sorge: „Was, wenn mein Kind seine Wurzeln verliert?" Diese Angst ist nicht unbegründet. Viele Familien tragen kollektive Erfahrungen von Verlust, Vertreibung und Entwurzelung mit sich. Systemische Beratung muss diese Ängste ernst nehmen, ohne sie einfach kulturell zu "erklären". Es geht darum, Schutzstrategien zu erkennen und gemeinsam neue Wege zu finden, ohne in gut gemeinte Belehrung zu verfallen.

Große Familiennetzwerke bieten oft Halt, besonders in schwierigen Zeiten. Doch wenn es innerhalb der Familie zu Konflikten kommt, kann dieser Rückhalt auch zur Belastung werden. Denn starke Bindungen gehen manchmal mit starkem Erwartungsdruck einher. Hier kann Peer-Beratung helfen: Menschen aus ähnlichen Lebenswelten, die gut zwischen den Kulturen vermitteln können, bauen Brücken und verstehen die innere Logik beider Seiten. Diese Begleiter sprechen die Sprache der Betroffenen, im wörtlichen und im übertragenen Sinn.

In der interkulturellen Beratung ist Fingerspitzengefühl gefragt, insbesondere wenn es um sensible Themen wie Gewalt in der Familie geht. Einerseits müssen klare Grenzen gezogen werden, andererseits darf man die Familien nicht beschämen oder belehren. Ein Beispiel aus der Praxis zeigt, wie dies gelingen kann: Ein Berater bezieht sich in einem Gespräch über Erziehung auf Überlieferungen der jeweiligen Kultur oder Religion, in denen das Recht der Kinder auf liebevolle Behandlung betont wird. So können Werte wie gewaltfreie Erziehung auf eine Weise vermittelt werden, die mit dem kulturellen Hintergrund der Familie in Einklang steht und damit viel eher Gehör findet.

6. Familienberatung im islamischen Kontext

6.1 Bedeutung der Beratung (Schura) im Islam

Die Familie bildet in vielen Kulturen und Religionen, so auch im Islam, das Fundament der Gesellschaft. Sie ist ein Ort der Geborgenheit, des Zusammenhalts und der Wertevermittlung. Konflikte und Herausforderungen innerhalb einer Familie sind jedoch allgegenwärtig und können in unterschiedlichen Kulturen spezifische Ausprägungen aufweisen. Die Familienberatung im islamischen Kontext stellt daher eine besondere Herausforderung dar, die sowohl kulturelle als auch religiöse Aspekte berücksichtigt (Şahinöz, 2025b).

In der islamischen Theologie gibt es den Begriff der Schura (Beratung), welches verdeutlicht, dass die Beratung ein zentraler Grundsatz im Islam ist (Şahinöz, 2018, S. 37ff). Im Koran gibt es sogar ein Kapitel, der "Beratung" heißt. In einem der Verse dieses Kapitels heißt es: „ihre Angelegenheit(en) durch Beratung untereinander (regeln)" (Koran, 42:38). Dabei diente der Prophet Muhammad als Vorbild für eine konsultative Führung, indem er seine Gefährten regelmäßig um Rat fragte. Diese Praxis der Schura fördert nicht nur ein Gefühl der Gemeinschaft und des Zusammenhalts, sondern auch eine respektvolle Entscheidungsfindung.

In Familien hilft die Schura, Konflikte zu entschärfen, indem alle Beteiligten das Gefühl haben, gehört und verstanden zu werden. Durch eine offene und ehrliche

Kommunikation können gemeinsam Lösungen gefunden werden, die den Bedürfnissen aller gerecht werden.

Die Schura lehrt zudem Geduld, Toleranz und die Fähigkeit, unterschiedliche Perspektiven zu berücksichtigen. In der Familienberatung kann sie als ein Werkzeug dienen, um eine Atmosphäre des Vertrauens und der Zusammenarbeit zu schaffen, in der jedes Familienmitglied seinen Beitrag leisten kann. Indem man das Prinzip der Schura in die Familien bringt, können die Bindungen gestärkt werden und dies zu einer harmonischeren Gemeinschaft beitragen.

6.2 Umsetzung der Schura in modernen Familien

Die Schura, als ein grundlegendes Prinzip islamischer Führung und Entscheidungsfindung, birgt ein großes Potenzial für die moderne Familie. Bei der Integration dieses Prinzip in den oft schnelllebigen und komplexen Alltag heutiger Familien gibt es jedoch einige Herausforderungen und Anpassungen in der Moderne.

Zum einen herrscht in den gegenwärtigen Gesellschaften ein Zeitmangel. In vielen Familien ist die Zeit ein knappes Gut. Um die Schura zu praktizieren, müssen bewusste Zeitfenster geschaffen werden, in denen alle Familienmitglieder ungestört miteinander sprechen können.

Auch die individuellen Bedürfnisse und Erwartungen jedes Familienmitglieds haben sich verändert. Die Schura muss an diese neuen Realitäten angepasst werden, um alle Beteiligten einzubeziehen.

Die Globalisierung und der kulturelle Austausch haben auch auf muslimische Familien Einfluss genommen. Die Schura muss mit den Werten und Normen der modernen Gesellschaft in Einklang gebracht werden.

In der praktischen Umsetzung gibt es trotzdem einige Ansätze, die auch in der Moderne das Prinzip der Schura fördern. Festgelegte Zeiten für Familienratssitzungen können helfen, die Schura zu institutionalisieren. Es sollten klare Regeln für die Durchführung der Familienratssitzungen aufgestellt werden, um eine strukturierte Diskussion zu gewährleisten. Jedes

Familienmitglied sollte die Möglichkeit haben, seine Meinung zu äußern, ohne unterbrochen zu werden. Nicht immer werden alle Wünsche erfüllt werden können. Die Fähigkeit zum Kompromiss ist entscheidend für eine erfolgreiche Schura. Unterschiedliche Perspektiven sollten daher als Bereicherung gesehen werden.

Dabei kann es in den Beratungen zu vielseitigen Themen kommen, wie z. B. gemeinsame Freizeitgestaltung, Aufgabenverteilung im Haushalt, festliche Anlässe oder auch Erziehung der Kinder und finanzielle Angelegenheiten.

Die Vorteile einer solchen Beratung innerhalb der Familie sind die Stärkung der Familienbindung, die Förderung von Selbstbewusstsein und Verantwortungsbewusstsein bei Kindern, die Verbesserung der Kommunikation, das Vorbeugung von Konflikten und die Entwicklung gemeinsamer Ziele.

6.3 Die Rolle der Familie im Islam

Im Islam wird die Familie als sehr positiv betrachtet. Sie spielt eine zentrale Rolle im Leben eines jeden Gläubigen. Sie ist nicht nur eine soziale Einheit, sondern auch eine spirituelle Gemeinschaft, in der die Werte des Islams gelebt und weitergegeben werden. Die Eltern tragen eine große Verantwortung für die Erziehung ihrer Kinder und deren moralische Entwicklung. Die Ehe (und auch die Sexualität) wird als eine positive Verbindung zwischen Mann und Frau angesehen, die auf gegenseitigem Respekt, Liebe und Vertrauen beruht (Şahinöz, 2013). Muslimische Familien sind in den letzten Jahrzehnten zahlreichen Veränderungen unterworfen. Migration, Globalisierung und der Wandel traditioneller Rollenbilder haben zu neuen Herausforderungen geführt. Konflikte können durch unterschiedliche kulturelle Erwartungen, Generationenkonflikte, religiöse Fragen oder soziale Veränderungen ausgelöst werden. Zudem können psychische Erkrankungen, Suchtprobleme oder Diskriminierungserfahrungen zu einer zusätzlichen Belastung führen. Daher haben Muslime einen Bedarf nach professioneller Familienberatung außerhalb des eigenen Kreises. Dabei ist es wichtig, dass diese Beratung nicht im Widerspruch zu ihren religiösen Überzeugungen steht. Viele muslimische Familien wünschen sich eine Beratung, die ihre Werte respektiert und religiöses Wissen mit psychologischem Fachwissen verbindet. Eine kultursensible und glaubensbasierte Familienberatung kann hier eine Brücke bauen. Sie stärkt das Vertrauen, fördert die Offenheit und schafft einen sicheren Raum, in dem auch sensible Themen besprochen werden können, ohne dass der Glaube dabei infrage gestellt wird.

6.4 Spezifische Aspekte der professionellen Familienberatung im islamischen Kontext

Die Familienberatung im islamischen Kontext erfordert ein tiefgreifendes Verständnis der kulturellen und religiösen Hintergründe der betroffenen Familien. Der Berater muss sensibel mit den Werten und Normen des Islams umgehen und gleichzeitig die individuellen Bedürfnisse der Familienmitglieder berücksichtigen.

Dabei bietet der Islam zahlreiche Ressourcen zur Konfliktlösung und zur Stärkung familiärer Beziehungen. Auf diese kann zurückgegriffen werden und der Berater kann sie in den Beratungsprozess integrieren.

Kulturelle Werte und Normen können die Wahrnehmung von Problemen und die Erwartungen an die Beratung beeinflussen. Daher ist es wichtig, auch diese zu berücksichtigen, um eine vertrauensvolle Beziehung aufzubauen.

In vielen Kulturen, denen Muslime angehören, spielen Scham und Ehre eine wichtige Rolle. Mit diesen Themen kann sensibel umgegangen und ein offenes und vertrauensvolles Gesprächsklima geschaffen werden.

Hinzu kommt, dass in vielen muslimischen Familien in Deutschland mehrere Sprachen gesprochen werden. Daher ist es von großem Vorteil, die Sprache der Familien zu beherrschen. Dies schafft Vertrauen und ist wie ein Türöffner.

6.5 Herausforderungen und Grenzen

Die Ziele einer Familienberatung können u.a. darin bestehen, die Kommunikation innerhalb der Familie zu verbessern, Konflikte zu lösen und eine gemeinsame Basis zu finden, die Erziehungskompetenzen der Eltern zu stärken, psychische Belastungen abzubauen und die psychische Gesundheit zu fördern. Letztendlich dient dies alles auch dazu, die Integration in die Mehrheitsgesellschaft zu erleichtern.

Die Methoden der Familienberatung im islamischen Kontext können sich an verschiedenen theoretischen Ansätzen orientieren. Dabei ist es wichtig, dass die gewählten Methoden kulturell und religiös angemessen sind.

Im Rahmen der Gesprächstherapie können die Familienmitglieder ihre Gefühle, Gedanken und Bedürfnisse ausdrücken und gemeinsam nach Lösungen suchen.

Die systemische Therapie betrachtet die Familie als ein System, in dem die einzelnen Mitglieder miteinander in Wechselwirkung stehen. Diese Form der Beratung und Therapie ist bei muslimischen Familien besonders vom Vorteil, da sie aus Kulturen kommen, in der das Familiensystem im Alltag sehr entscheidend ist.

Die narrative Therapie ermöglicht es den Familienmitgliedern, ihre eigene Geschichte zu erzählen und neue Perspektiven zu entwickeln.

Religiös basierte Therapieansätze können dabei helfen, die Ressourcen des Islams für die Bewältigung von Problemen zu nutzen.

Die kulturelle Vielfalt innerhalb der muslimischen Gemeinschaft stellt eine zusätzliche Herausforderung dar. So können psychische Erkrankungen und Konflikte innerhalb der Familie in einigen Kulturen stigmatisiert werden. Auch ist der Zugang zu professioneller Beratung nicht immer gewährleistet, insbesondere in ländlichen Regionen oder für Familien mit geringem Einkommen. Zudem können kulturelle Unterschiede zwischen Berater und Klient die Kommunikation erschweren. Diese Herausforderungen sind zwar nicht theologisch begründet, sondern kulturell, müssen jedoch trotzdem gemeistert werden, damit eine Familienberatung gelingt.

7. Fazit

Dieser umfassende Leitfaden bietet einen tiefgehenden Einblick in die Welt der systemischen Beratung und ihre Anwendung im Kontext interkultureller Herausforderungen. Er verdeutlicht, dass eine Kombination aus systemischem Denken und interkultureller Kompetenz unerlässlich ist, um Menschen in ihrer Vielfalt zu verstehen und nachhaltige Veränderungen zu bewirken.

Das vorliegende Werk zeigt, wie eng verwoben die individuellen, familiären und gesellschaftlichen Dimensionen in der systemischen Beratung miteinander verknüpft sind und wie essenziell der interkulturelle Blick dabei ist. Es wurde herausgearbeitet, dass Menschen nicht als isolierte Einheiten zu betrachten sind, sondern stets als Teil komplexer Systeme, in denen Beziehungen, Kommunikation und Traditionen untrennbar miteinander verbunden sind.

In den Kapiteln wurde deutlich, dass ein tieferes Verständnis dieser Dynamiken, angefangen bei den grundlegenden Ansätzen der systemischen Beratung über die Anwendung zirkulärer Fragetechniken bis hin zur Aktivierung vorhandener Ressourcen, den Weg zu nachhaltigen Veränderungen ebnet. Dabei wird die Selbstwirksamkeit als zentrales Ziel hervorgehoben, denn nur wenn Klienten ihre eigenen Stärken erkennen, können sie aktiv an der Neugestaltung ihrer Lebenswelt mitwirken.

Die Auseinandersetzung mit interkulturellen Kompetenzen stellt einen weiteren wesentlichen Baustein dieser Arbeit dar. Es wurde aufgezeigt, dass die Wahrnehmung sozialer Rollen, der Umgang mit unterschiedlichen Kommunikationsstilen und das Verstehen kulturell geprägter Definitionen von Nähe und Distanz nicht nur theoretisch relevant sind, sondern in der Praxis den Erfolg von Beratungsprozessen maßgeblich beeinflussen.

Die Flexibilität im Verhalten, das kritische Hinterfragen von Traditionen sowie das Schaffen von inklusiven Strukturen sind zentrale Voraussetzungen, um in einem global vernetzten Umfeld Brücken zwischen verschiedenen Kulturen zu schlagen. Dabei wird die Begegnung mit dem Anderen als Chance gesehen, den eigenen Horizont zu erweitern und neue Perspektiven zu gewinnen, die weit über starre, eurozentrische Modelle hinausgehen.

Besondere Aufmerksamkeit wurde auch den Prozessen der Migration gewidmet, die als wesentliche Grundlage für interkulturelle Begegnungen fungieren. Die unterschiedlichen Arten der Migration, von freiwillig-selbstbestimmten bis hin zu erzwungen-fremdbestimmten Formen, sowie deren Auswirkungen auf familiäre Strukturen und Identitätsentwicklungen machen deutlich, dass Migration weit mehr ist als ein rein physischer Ortswechsel. Vielmehr prägt sie das Selbstverständnis und die Beziehungsgeflechte in nachhaltiger Weise, wobei der ständige Dialog zwischen Alt und Neu, zwischen vertrauten Traditionen und neuen Lebensrealitäten zum Alltag gehört. Die in diesem Zusammenhang behandelten psychologischen Konzepte und Familiendynamiken zeigen, wie tief kulturelle Einflüsse in das Erleben und die Gestaltung von Beziehungen hineinwirken und wie wichtig es ist, diese im therapeutischen Prozess zu berücksichtigen.

Nicht zuletzt fordert diese Arbeit auch dazu auf, bestehende therapeutische Ansätze kritisch zu reflektieren. Die Auseinandersetzung mit dem eurozentrischen Bias in der Familientherapie sowie der Aufbau einer kultursensitiven Beziehung unterstreicht, dass erfolgreiche Beratung nur dann möglich ist, wenn alle Beteiligten bereit sind, ihre eigenen Vorannahmen zu hinterfragen und sich auf einen offenen Austausch einzulassen. Nur so kann Vertrauen entstehen, das den Raum für persönliche und kollektive Veränderungen eröffnet. Es wird deutlich, dass der Schlüssel zu einer nachhaltigen Transformation nicht in der pauschalen Anwendung vorgefertigter Lösungen liegt, sondern in der Fähigkeit, individuelle und kulturelle Vielfalt als Bereicherung anzunehmen und diese in den Beratungsprozess zu integrieren.

Diese Arbeit soll auch verdeutlichen, dass systemische Beratung im interkulturellen Kontext nicht nur eine reine Methodensammlung ist. Es ist ein Aufruf, das menschliche Miteinander als einen dynamischen, stetig im Wandel befindlichen Prozess zu begreifen, in dem jede Begegnung, ob im familiären, beruflichen oder gesellschaftlichen Bereich, die Chance bietet, alte Muster zu überdenken und neue Wege zu gehen. Indem es den Blick auf das Wechselspiel zwischen individuellen Ressourcen, sozialen Strukturen und kulturellen

Traditionen richtet, liefert es wertvolle Impulse für einen zukunftsorientierten und integrativen Beratungsansatz, der den Herausforderungen einer globalisierten Welt gewachsen ist.

Literatur

- Antonovsky A.: Salutogenese. Zur Entmystifizierung der Gesundheit. Deutsche Herausgabe von Alexa Franke. DGVT Verlag: Tübingen, 1997
- Bateson G.: Ökologie des Geistes. Suhrkamp: Frankfurt, 1981
- Bateson G., Ruesch J.: Kommunikation. Die soziale Matrix der Psychiatrie. Carl-Auer-Systeme Verlag: Heidelberg, 1995
- Bauer N. M.: Psychotherapie als „dritter Raum". Kultursensible Ansätze in der systemischen Familientherapie. In: Psychotherapie Forum, 28, 2024, S. 31-36
- Fredrickson B.: The broaden-and-build theory of positive emotions. In: Philosophical Transactions of the Royal Society B: Biological Sciences. Band 359, Nr. 1449, 2004
- Geertz C.: Dichte Beschreibung. Beiträge zum Verstehen kultureller Systeme. Suhrkamp: Berlin, 1987
- Gramsci A.: Gefängnishefte. Kritische Gesamtausgabe in 10 Bänden. Argument Verlag mit Ariadne: Hamburg, 2019
- Hall S: Cultural Studies: two paradigms. In: Media, Culture & Society, 2, 1980, S. 57-72
- Hegemann T.: Interkulturelle Kompetenz in der sozialpsychiatrischen Versorgung. In: Sozialpsychiatrische Informationen, 54. Jahrgang, 4, 2024, S. 11-16

- Lenz S.: Interkulturelle systemische Familienberatung. Hochschule für Angewandte Wissenschaften Hamburg. Fakultät Wirtschaft und Soziales. Hamburg: 2011
- Luhmann N.: Soziale Systeme: Grundriss einer allgemeinen Theorie. Suhrkamp: Berlin, 1987
- Luhmann N.: Einführung in die Systemtheorie. Carl-Auer-Systeme Verlag: Heidelberg, 2004
- Luhmann N.: Schriften zur Organisation. Band 5. Springer VS: Wiesbaden, 2022, S. 318-319
- Maturana H.: Biology of Cognition. In: Biological Computer Laboratory Research Report BCL 9.0. Urbana IL: University of Illinois, 1970
- Maturana H.: Was ist Erkennen? Die Welt entsteht im Auge des Betrachters. 2. Auflage. Goldmann: München, 2001
- Maturana H., Varela F.: Der Baum der Erkenntnis. Die biologischen Wurzeln des menschlichen Erkennens. Scherz: Berlin, 1987
- Metzger W.: Gesetze des Sehens. Kramer: Frankfurt am Main, 1975
- Meyer E.: The Culture Map. Decoding how people think, lead, and get things done across cultures. PublicAffairs: New York. 2014
- Neuberger S., Lenz C., Seidler I.: Systemische Familientherapie. Facultas: Wien, 2002
- Palazzoli M. S., Boscolo L., Cecchin G., Prata G.: Paradoxon und Gegenparadoxon. Klett-Cotta: Stuttgart, 1975
- Palazzoli M. S., Boscolo L., Cecchin G., Prata G.: Hypothetisieren, Zirkularität, Neutralität. Drei

Richtlinien für den Leiter der Sitzung. In: Familiendynamik 6 (2), 1981, S. 123-138

- Pirmoradi S.: Interkulturelle Familientherapie und -beratung. Eine systemische Perspektive. Vandenhoeck & Ruprecht: Göttingen, 2012
- Richardson H. B.: Patients have Families. The Commonwealt Fund: New York, 1945
- Röbe-Oltmanns G.: Systemisches Arbeiten in der Migrationsberatung. Kasseler Institut für Systemische Therapie und Beratung e.V.: Kassel, 2023
- Şahinöz C.: Pozitif ol. Pozitif bak. Psikolojik Terapide Risale-i Nur. Zafer Yayınları: Istanbul, 2016
- Şahinöz C.: Seelsorge im Islam: Theorie und Praxis in Deutschland. Springer VS: Wiesbaden, 2018
- Şahinöz C.: Kalbinizle yaptığınız her şey, size geri dönecektir. Kitap Arası: Istanbul, 2020a
- Şahinöz C.: Leben und Arbeiten mit türkischen, arabischen und muslimischen Familien: Ein einfühlsamer Ratgeber. 3. Auflage: BOD: Norderstedt, 2020b
- Şahinöz C.: Perspektivenwechsel. Durch positive Psychologie das leben neu entdecken. BOD: Norderstedt, 2024a
- Şahinöz C.: Online Terapiler: In: Öztürk Gazetesi, Nr. 397, Oktober, 2024b
- Şahinöz C.: Systemische Familienberatung im Kontext von Migrantenfamilien. In: IZ, Mai, 2024c

- Şahinöz C.: Sistematik Aile Terapisi: In: Öztürk Gazetesi, Nr. 389, Januar, 2024d
- Şahinöz C.: Psikoterapide geçmişe gitmek. In: Öztürk Gazetesi, Nr. 404, Mai, 2025a
- Şahinöz C.: Familienberatung im islamischen Kontext. In: IZ, Januar, 2025b
- Schlippe A., El Hachimi M., Jürgens G., Özdemir C., Bade K. J.: Multikulturelle systemische Praxis: ein Reiseführer für Beratung, Therapie und Supervision. Systemische Therapie und Beratung. Carl-Auer-Verlag: Heidelberg, 2022
- Seligman M.: Flourish - Wie Menschen aufblühen. Die Positive Psychologie des gelingenden Lebens. Kösel: München, 2012
- Seligman M., Csíkszentmihályi M.: Positive Psychology: An Introduction. In: American Psychologist, 55 (1), 2000, S. 5-14
- Von Foerster H.: KybernEthik. Merve Verlag: Berlin. 2008
- Watzlawick P.: Menschliche Kommunikation. Hand Huber Verlag: Bern, 1969

Glossar: Wichtige Begriffe im Überblick

Autopoiese: Die Selbstorganisation und Selbsterhaltung eines Systems.

Autopoietisch: Ein System das sich selbst organisieren und strukturieren kann.

Dualfokale Familie: Familienstrukturen in denen die Eltern von ihren Herkunftsfamilien besonders beeinflusst werden. Oft findet sich das in Kulturen mit großer Familie und klaren Rollenverteilungen.

Ethnopsychoanalyse: Ein Ansatz in der Psychotherapie der die psychoanalytische Therapie um das Verständnis des kulturellen Hintergrundes des Klienten erweitert.

Externalisierung: Eine Technik, in der ein Problem als etwas außerhalb der Person betrachtet wird.

Genogramm: Eine grafische Darstellung einer Familie über mehrere Generationen, die Beziehungen und Muster veranschaulicht.

Interkulturelle Kompetenz: Die Fähigkeit, sensibel und respektvoll mit Menschen unterschiedlicher kultureller Hintergründe umzugehen.

Intervention: Eine gezielte Maßnahme in der Therapie oder Beratung, um neue Perspektiven zu eröffnen oder Verhaltensänderungen anzuregen.

Kontext: Die Umgebung oder der Zusammenhang in dem etwas stattfindet.

Kulturelle Empathie: Die Fähigkeit, die Perspektive, Emotionen und Erfahrungen von Menschen aus anderen Kulturen zu verstehen und mitzufühlen.

Kulturpsychologische Konzepte: Konzepte, die sich mit dem Einfluss der Kultur auf die Psychologie auseinandersetzen und wie diese in der Familie wirkt.

Lösungsfokus: Ein Ansatz in der systemischen Beratung der den Fokus weg vom Problem hin zu den Lösungen verschiebt.

Reframing: Eine Technik, bei der eine Situation oder ein Problem in einem neuen Kontext betrachtet und umgedeutet wird, um andere Perspektiven und Handlungsoptionen zu eröffnen.

Ressourcenorientierung: Ein Ansatz, der den Fokus auf die Stärken, Fähigkeiten und positiven Erfahrungen von Klienten und ihren Systemen legt.

Selbstreflexion: Die Fähigkeit, eigene Gedanken, Gefühle und Handlungen kritisch zu hinterfragen, um die eigene Haltung zu verstehen und anzupassen.

Selbstwirksamkeit: Der Glaube an die eigene Fähigkeit, Herausforderungen erfolgreich zu bewältigen und Ziele zu erreichen.

Sinnattraktoren: Muster von Gedanken und Wahrnehmungen, die sich selbst verstärken und andere Wahrnehmungen reduzieren.

Skalierende Fragen: Fragen, die eine Einschätzung auf einer Skala ermöglichen, um Veränderungen zu verdeutlichen.

Soziale Rollen: Erwartungen und Verhaltensweisen, die mit bestimmten Positionen in der Gesellschaft verbunden sind (z. B. Geschlechterrolle, Berufsrolle).

Strukturdeterminismus: Die Idee, dass Systeme nur gemäß ihrer eigenen Struktur reagieren und nicht von außen direkt beeinflusst werden können.

System: Ein Gefüge von Elementen (z. B. Personen), die miteinander in Beziehung stehen und sich gegenseitig beeinflussen.

Systemische Intervention: Interventionen, die sich auf das gesamte System, in dem ein Problem auftritt, beziehen.

Wunderfrage: Eine hypothetische Frage, die genutzt wird, um eine erwünschte Zukunft ohne das Problem zu beschreiben.

Zirkuläre Fragen: Fragen, die darauf abzielen, Beziehungen und Interaktionen innerhalb eines Systems zu beleuchten und unterschiedliche Perspektiven zu erfassen.

Zum Autor

Dr. Cemil Şahinöz, geboren 1981, (Soziologe, Familienpsychologe, Religionspsychologe), ist als Integrationsbeauftragter, Familienberater, Glücksspielsuchtberater, Seelsorger, Autor und Journalist tätig. Zu verschiedensten Themen hält er Vorträge, Seminare, Fortbildungen, Konferenzen und Workshops. Als Dank und Auszeichnung für sein Engagement im Bereich Integration wurde er von Bundeskanzlerin Dr. Angela Merkel im Bundestag in Berlin empfangen und seine Arbeit auf diesem Gebiet gelobt. Der AIB (Europäischer Arbeitgeber und Akademiker Verband) verlieh ihm den "Akademiker- und Integrationspreis." In der Zeitschrift "Focus" wurde er als einer der intellektuellen Muslime in Deutschland vorgestellt und als "Seelsorger" bezeichnet.

Kontakt: cemil.sahinoez@gmx.de, www.misawa.de

Weitere Bücher vom Autor (Auswahl):

• Patient oder Kunde? Eine empirische Studie über Konzepte, Strukturen und Kundenorientierung in Krankenhäusern
• Leben und Arbeiten mit türkischen, arabischen und muslimischen Familien: Ein einfühlsamer Ratgeber
• Chancen(un)gleichheit in der Schule
• Gefangen im Spiel. Glücksspielsucht unter Migranten. Ursachen, Folgen und Wege aus der Sucht
• Seelsorge im Islam: Theorie und Praxis in Deutschland
• Systeme der Gesellschaft
• Einführung in die islamische Soziale Arbeit und Religionssoziologie
• Rhetorik und die Kunst der Kommunikation nach Imam Gazali
• Perspektivenwechsel. Durch positive Psychologie das Leben neu entdecken
• Waswasa und Panikattacken. Strategien gegen Zwangsstörungen, Zwangsgedanken und Einflüsterungen